AI 생성 이미지 시대의 시각 문해력

AI문고

인공지능 시대입니다. 기계가 인간의 인지를 대신하고, 사물이 인간을 통하지 않고 다른 사물과 직접 커뮤니케이션합니다. 이에 따른 인간 삶과 문명 변화를 정확히 이해·예측·대응하는 것은 이 시대 우리 모두의 과제입니다. AI문고는 인공지능 기술과 환경의 여러 주제를 10가지 키워드로 정리합니다. 관련 개념과 이론, 학계와 산업계의 쟁점, 우리 일상의 변화를 다룹니다. 인간과 기술의 현재, 미래를 세심히 분석합니다.

일러두기

- 인명, 작품명, 저서명, 개념어 등은 한글과 함께 괄호 안에 해당 국가의 원어를 병기했습니다.
- 외래어 표기는 현행 어문규정의 외래어표기법을 따랐습니다.

처음이세요?

전문가세요?

AI 생성 이미지 시대의 시각 문해력

김경원

대한민국, 서울, 커뮤니케이션북스, 2026

AI 생성 이미지 시대의 시각 문해력

지은이 김경원
펴낸이 박영률

초판 1쇄 펴낸날 2026년 2월 9일

커뮤니케이션북스(주)
출판 등록 2007년 8월 17일 제313-2007-000166호
02880 서울시 성북구 성북로 5-11
전화(02) 7474 001, 팩스(02) 736 5047
commbooks@commbooks.com
www.commbooks.com

ISBN 979-11-430-1837-3 03500

책값은 뒤표지에 표시되어 있습니다.

차례

이미지 홍수 시대, 왜 '시각 문해력'인가

생성형 AI를 활용해 이미지를 만드는 것이 일상화되었다. 이렇게 생산된 이미지는 과거와 비교할 수 없는 속도로 확산된다. SNS 타임라인에는 개인의 취향에 꼭 맞는 이미지들로 가득 찬다. 물론 여기에서의 취향은 플랫폼 알고리즘에 의해 큐레이션된 조합이다. 하지만 대부분의 사용자에게는 이미지의 출처나 제작된 맥락은 중요하지 않아 보인다. 우리가 이 같은 방식으로 이미지를 소비할 때 이미지를 '본다'는 것은 어떤 의미인지 생각해 본 적이 있는가?

한편 우리는 이미지의 소비만큼 생산에도 적극적으로 참여하고 있다. 전문가의 영역이었던 이미지 생산이 생성형 AI를 통해 일반 대중에게 개방되었기 때문이다. 하지만 우리가 만든 이미지가 화면에 노출되었을 때 그 장면이 어떻게 받아들여질지 경계해 볼 필요가 있지 않을까?

이 책은 이미지의 철학적 개념에서 출발해 시각 문해력(visual literacy)을 강화하기 위한 배경 지식과 실천적 방법, 그리고 이미지를 책임 있게 다루기 위한 태도를 안내한다. 이미지가 넘쳐나는 시대, 이미지가 우리의 감각과 판단력을 어떻게 조작하려고 하는지 알아야 한다. 이렇게 많은 이미지들에 휩쓸리지 않기 위해 무엇부터 시작해야 하는지 하나씩 짚어보자.

이미지를 읽는다는 것

우리가 보는 이미지는 시각적 층위(눈앞에 실제로 존재하듯이 느껴지는 것)와 관념적 층위(실제로는 없지만 개념과 지식을 통해 머릿속에서 구성하는 것)를 동시에 가진다. 인간은 다양한 지각 경험을 통해 현실감을 느낀다. 따라서 이미지를 머릿속 개념으로만 이해하려 하면 지나치게 추상적이고 건조해질 수밖에 없다.

예를 들어 눈앞에 사과 하나를 놓고 "이것은 무엇인가요?"라고 질문해 보자. 그 자리에 있는 사람들이 서로 다르게 묘사할 수는 있지만 묘사하는 대상의 이미지가 달라지는 것은 아니다. 같은 대상을 본다는 것은 정확한 의미 공유가 가능하다는 뜻이기도 하기 때문이다. 그러나 아무 단서가 없는 상황에서 "사과를 떠올려 보세요"라고 질문한다면 어떨까? 사람들은 각자 다른 사과의 색, 형태, 품종을 떠올릴 것이다. 심지어 어떤 사람은 과일 사과가 아니라 스티브 잡스(Steve Jobs)나 스마트폰 브랜드를 떠올릴 수도 있다. 왜냐하면 현실에서 바라보는 사과의 모습보다 기억 속 사과라는 말이 불러일으키는 이미지가 다른 지점의 의미를 가리키기 때문이다. 이러한 차이는 단지 개인의 취향에 기인한 것이 아니다. 이미지는 우리가 보는 대상인 동시에 머릿속으로 떠올리는 대상이기도 하다. 그렇기 때문에 온전히 이미지를 이해한다는 것은 읽는 행위의 작동을 의미한다. 정물화나 사진처럼 눈앞에 놓인 시각 이미지는 어느 부분이 선택되고 어느 부분이 삭제되었는지 읽어 내는 과정 속에서 의미를 가지게 된다. 예를 들어 고흐(Vincent Willem van Gogh)의 자화상을 살펴보자. 두터운 붓질로 생겨난 유화 물감의 흔적이 가지는 질감은 묘사된 얼굴을 드러낼 뿐만 아니라 페인팅이라는 행위의 에너지를 전달한다. 잭슨 폴록(Jackson Pollock)의 액션 페인팅 작품도 마찬가지다. 추상화된 이미지가 특정한 형상을 드러내지 않지만, 화면을 가득 채운 물감의 흔적이 작가가 표현한 행위의 감정을 경험할 수 있도록 관람자를 유도한다. 눈앞에 놓인 이미지가 즉각적으로 객관화될 수 없듯이 이미지를 읽는다는 것은 보이는 형식과 그 형식이 불러오는 감정적 의미를 함께 해석하는 일이다.

AI 생성 이미지 시대의 읽기 방식

디지털 미디어와 영상 기술의 발달로 우리는 이미지 커뮤니케이션에 익숙해져 있다. 하지만 AI 생성 이미지는 가늠할 수 없을 만큼 빠른 속도로 확산되고 있다. 인스타그램의 사진과 유튜브의 동영상, 짧은 릴스와 숏폼 콘텐츠가 SNS 타임라인을 가득 메운다. 우리는 텍스트보다 이미지 정보를 가장 먼저 접한다. 채팅에서 주고받는 약어, 초성, 이모티콘, 밈(meme)은 문장을 대신해 감정을 전달하는 기호로 사용된다. 의미를 구성하는 방식 자체가 달라지고 있다.

이미지가 가지는 의미 구성 방식을 이해한다는 것은 눈앞에 있는 시각 이미지와 머릿속의 개념 이미지가 어떻게 중첩되는지를 생각하는 방식으로 이를 시각적 사고(visual thinking)라 한다. 시각적 사고는 이미지를 세 가지 범주로 설명한다. 첫째, 실제로 본 장면이 마음속에 남은 기억 이미지, 둘째, 꿈을 꿀 때처럼 마음의 눈으로 떠올리는 상상 이미지, 셋째, 손으로 그리거나 디지털 도구로 만든 시각적 표상 이미지다. 세 가지 이미지가 보완하는 과정을 통해 우리는 대상을 정확하게 인식한다. 그리고 이와 같은 내적 이미지 조작 능력이 시각 문해력의 중요한 기반이 된다. 한편, 화면의 구조와 프레임은 이미지가 보이는 형식과 의미 생성에 적극적인 영향을 미친다. 예를 들어 무엇이 대상(object)이고 무엇이 배경(background)인지, 어느 부분을 강조하고 어디를 잘라냈는지에 따라 해석의 방향이 바뀐다. 크로핑(cropping)은 불필요한 정보를 제거하는 동시에 보이지 않는 바깥을 암시하기도 한다. 정물화나 잘 촬영된 사진은 도형과 배경의 대비를 뚜렷하게 만들어 시각적 의미를 안정시킨다. 이때 우리의 시선은 화면의 구조를 따라 움직이지만, 우리의 머릿속에서는 학습된 관습, 문화적 기억, 시각 문법을 떠올려 의미를 새롭게 생성한다.

오늘날 이미지를 읽는다는 것은 "무엇이 보이느냐"의 기준보다 "어떤 방식으로 보이게 되었느냐"가 중요하게 되었다. 사진과 AI 생성 이미지를 비교했을 때 이미지를 이해하기 위한 기본 조건은 더 극명하게 확인된다. 전통적인 사진은 렌즈와 빛, 피사체가 만난 흔적, 다시 말해 '거기에 실제로 있었던 것'의 지표성을 가진다. 반면 AI 생성 이미지는 데이터 패턴의 합성으로 만들어진 결과물이기 때문에 상대적으로 매끈하고 그럴듯하게 보이지만, 현실의 지표성은 약할 수밖에 없다. 그런데 오늘날 사진 역시 과도한 보정 장치와 합성으로 AI 생성 이미지와 구분하기 힘들 정도로 지표성이 희미해지고 있다. 이

때문에 오늘날 대부분의 이미지는 캡션, 출처, 해시태그 같은 텍스트 언어 장치를 이용해 의미를 정박시키기 위한 노력이 필요하게 된다.

디지털 시각 문화는 플랫폼에 잘 반응하는 미적 장치로 알고리즘이 작동한다. 특정 피부톤과 얼굴의 비율, 유사한 조명과 보정 방식은 하나의 표준처럼 확산되고 우리의 취향을 길들인다. AI 생성 모델은 학습 데이터 속에서 취합된 규범을 다시 재생산해 사용자들이 익숙한 것에 끌리도록 유도한다. 개인의 취향을 평준화시키는 것이다.

생성형 AI 시대에 이미지를 읽는 방식은 시각 이미지의 즉각성과 그 뒤에 숨은 시각 관습을 함께 의심하는 힘에 있다. 지금 호감을 가지게 된 이미지가 있다면, 그것이 나만의 고유한 경험에 근거한 판단인지 아니면 알고리즘이 학습시킨 반응으로부터 선택된 것인지 생각해 보자.

시각 문화의 맥락 익히기

미술 작품은 상징적 의미를 다채롭게 담고 있다. 작품의 주제는 문학적 요소와 장식적 요소가 복합적으로 얽혀 여러 갈래로 읽힐 수 있다. 하지만 근대 이후 모더니즘은 과거 미술 작품이 가지는 문학적, 장식적 장치를 걷어내고 형태, 색, 질감과 같은 시각 요소만으로 구성한 미술을 제안했다. 여기에는 큰 차이가 있는데 이미지의 문학적, 장식적 요소를 이해한다는 것은 대상이 가지는 문화적 맥락을 알고 있다는 뜻이기 때문이다.

이러한 시각 문화의 변화로 인해 현대에 와서는 미술 작품과 상업 이미지를 엄격히 구분하는 것이 불가능해졌다. 예컨대 특정 브랜드의 이미지는 더 이상 로고나 제품 사진 하나에 국한되지 않는다. 소비자에게 반복 노출된 이미지는 추상적인 인상을 머릿속에 축적하고 각인시킨다. 그 결과 사람들은 '잘 만들어진 이미지'를 소비한다. 좋은 브랜드의 옷과 가방, 물 한 병에서 아파트까지 우리는 물건 자체가 아니라 그 위에 입혀진 이미지를 함께 구매한다. 시각 문화의 맥락을 익힌다는 것은 이미지가 '보기 좋은 것'에 그치지 않고, 삶의 가치 판단과 욕망의 방향, 사회적 구별과 소속감까지 조직하는 방식임을 이해하는 일이다. 그래서 시각 문해력의 필요는 어느 날 갑자기 생겨난 것이 아니라 우리의 시각 문화가 축적되면서 자연스럽게 형성된 것이라고 할 수 있다.

이미지 권력의 이동과 새로운 책임

2022년 Chat GPT의 등장은 이미지 생산 권력을 전문가에서 일반 대중으로 확산시켰다. 누구나 언어 지시를 통해 즉각적인 이미지 생산이 가능해지면서 '이미지를 만든다'는 행위 자체가 새롭게 정의되었다. 이러한 변화는 산업에서 가장 먼저 나타났다. 대표적으로 스톡 이미지 산업의 변화를 살펴보자. 과거에는 전문가가 만든 사진이나 그래픽을 구매·대여하는 방식으로 이미지가 유통되었다. 하지만 생성형 AI가 확산되면서 사람들은 굳이 스톡 이미지를 찾기보다 자신이 원하는 이미지를 직접 생성하기 시작했다. 이를 감지한 대형 스톡 이미지 기업들은 데이터 제공자이자 생성 도구 공급자로 방향을 전환한다. 셔터스톡(Shutterstock)은 오픈 AI(OpenAI)와의 장기 계약을 통해 방대한 이미지와 영상 자료를 학습 데이터로 라이선스하고, 기고자 기금(Create Fund)을 통해 창작자에게 보상을 지급하는 구조를 만들었다. 게티이미지(Getty Images)는 자사 라이브러리를 학습 데이터로 사용하는 생성형 도구를 출시했다. 두 기업 모두 '출처가 투명하고 보상 구조가 내장된' 새로운 이미지 시장을 개척하고 있다.

소프트웨어 산업에서도 유사한 변화가 일어났다. 오

랫동안 어도비(Adobe)사의 프로그램은 그래픽 디자이너가 반드시 익혀야 하는 전문가 도구의 대명사였다. 그런데 2022년 이후, 이미지 제작의 기술적 진입 장벽은 급격히 낮아졌다. 어도비가 생성형 AI 기능을 이식하면서 프로그램 인터페이스 안에서 원하는 이미지를 생성해 편집하고 재생산할 수 있게 되었다. 예를 들어 2023년 포토샵에 추가된 '생성형 채우기(Generative Fill)' 기능은 합성, 보정, 리터칭 같은 전문 과정 대부분을 자동화했고, 2024년 '파이어플라이(Firefly Image 3)' 모델이 포토샵의 기본 엔진으로 통합되면서 난해한 프로그램 지식을 갖고 있지 않더라도 손쉽게 이미지 초안을 만들게 되었다. 전문가의 이미지 제작 방식도 변화하고 있는 것이다.

2022년 렌사(Lensa)의 '매직 아바타(Magic Avatars)' 서비스가 출시되었다. 사람들은 렌사를 이용해 자신의 셀피를 다양한 프로필 이미지로 생성했고 대중형 이미지 제작의 유행을 알리는 시작이 되었다. 2025년에는 구글(Google)이 개발한 나노 바나나(Nano Banana)가 AI 생성 이미지의 대중화 및 전문화 흐름을 한 단계 진보된 방향으로 제시했다. 개인 프로필 이미지뿐만 아니라 전문 콘텐츠 제작에서 필요로 하는 일관된 콘셉트의 캐릭

터도 빠르고 쉽게 제작한다. 나노 바나나의 등장은 생성형 AI가 개인의 창작 역량을 극대화하여 산업 생산성 향상과 창작을 위한 전문 영역의 민주화에 기여하고 있음을 보여 주는 중요한 전환점이다. 전문가의 이미지 제작 방식이 바뀌는 속도보다 더 급진적으로 전문가 영역 자체가 위협받고 있다.

하지만 이런 민주화는 새로운 책임과 규범을 요구한다. 학습 데이터에 사용된 이미지의 저작권, 인물 사진의 프라이버시와 관련된 데이터의 활용 조건 등은 첨예한 논쟁의 대상이 되었다. 생성형 AI는 창작의 문턱을 낮추었지만 동시에 '투명성'과 '윤리성'의 기준을 산업 전반의 수준으로 요구하고 있다. 이미지의 민주화가 가져온 문제는 제작 효율을 높이는 것이 아니라 창작의 윤리와 신뢰 회복을 위한 시대적 과제가 되었고 그 결과 시각 문해력에 대한 이해가 그 어느 때보다 요구받고 있다.

시각 문해력 강화의 네 가지 역량

지금 우리에게 필요한 것은 많은 이미지를 소비하는 것(또는 소비하도록 하는 것)이 아니다. 이미지를 더 정확히 읽고, 더 책임 있게 쓰는 역량으로 시각 문해력을 강화하는 것이 필요하다. 시각 문해력 강화를 위해 다음의 네 가지 역량을 제안한다.

첫째, 이미지의 형식 요소가 어떻게 의미의 방향을 정하는지를 읽어 내는 능력 즉 이미지 '해석 능력'이다. 구도, 색, 리듬, 여백과 같은 이미지의 요소가 맥락 관계에서 불러오는 감정과 의미를 읽는 시각 언어의 학습이 필요하다. 둘째, 누락과 과장, 조작과 편향을 가려내는 '판별력'이다. 그럴듯한 이미지 가운데 신뢰할 수 있는 것을 구분하고, AI가 만들어 낸 이미지라도 무엇이 과도하게 미화되었는지 혹은 무엇이 왜곡되었는지 판단하는 눈을 길러야 한다. 셋째, 이미지가 만들어진 출처와 유통 경로의 맥락을 확인하는 '검증 능력'이다. 이러한 능력은 이미지의 표면적인 이해뿐만 아니라 의도와 맥락을 판단하는 중요한 기준이 된다. 넷째, 이미지가 전달하는 메시지와 형식의 정합성을 바탕으로 책임 있게 표현하는 '창의력'이다. 지금까지 창작물은 소비자 혹은 사용자의 눈을 사로잡는 새로운 이미지를 어떻게 보여 줄 것인지에 초점이 맞춰져 있었다. 하지만 AI 생성 이미지 시대의 창작은 어떠한 의도와 내용을 이미지에 담아 전달할 것인지를 고민해야 한다.

이와 같은 역량들이 중심이 되면 우리는 이미지를 대할 때 "예쁘다, 별로다"와 같은 감정적 판단에서 벗어날 수 있다. 또한 이미지의 형식이 만드는 의미와 맥락, 책임 있는 표현 기준을 바탕으로 창작물에 대한 신뢰와 진위성 확보도 가능하다.

비평가들은 텍스트를 읽지 않는 시대라고 말한다. 그렇지만 오히려 문자 언어와 마찬가지로 시각 언어로 이루어진 이미지도 더 깊이 읽어야 하는 시대가 된 것이 아닐까. 시각 문해력은 이미지의 소비와 생산의 중심에 서 있는 우리 모두가 갖춰야 할 사회적 기초 능력이자 지속 가능한 핵심 역량이다.

01
이미지 과잉과 감각의 상실

이 장은 과거부터 현재까지 이미지가 쏟아지는 시각 환경의 변화를 살펴본다. 오늘날 이미지는 감상의 대상에서 시간을 점유하는 자극제가 되었고 우리의 작업 기억과 정서를 동시에 과부하 상태로 만들고 있다. 이미지를 보고 이해하는 감각의 틀이 무너지고 사람들은 계속해서 시각 정보의 소진에 참여하고 있다. 우리는 지금 보고 있는 것을 얼마나 이해하고 있을까?

기후 위기와 인공지능?

쏟아지는 이미지

19세기 후반, 벨 에포크(Belle Époque) 파리의 거리는 알폰스 무하, 툴루즈 로트렉, 쥘 셰레 같은 작가들이 만든 화려한 포스터로 뒤덮였다. 도시의 산책로가 말 그대로 이미지가 흘러가는 물줄기(image stream)의 모습으로 보였다. 컬러 석판 인쇄와 사진의 대량 복제가 결합하면서 이미지는 처음으로 공업 생산 규모로 찍혀 나오기 시작했고 1842년 창간된 《일러스트레이티드 런던 뉴스(The Illustrated London News)》는 삽화와 사진을 대중 보도에 본격 도입했다. 1890년대의 하프톤 인쇄는 사진을 망점으로 분해해 신문이나 잡지에 그대로 실을 수 있게 했는데 이때부터 이미지는 일상의 뉴스와 광고를 전달하는 핵심적인 언어로 자리 잡게 된다.

이미지가 우리의 시각 문화를 점유하게 된 가장 결정적인 계기는 자본의 유입이다. 미국 광고대행사 N. W. 에이어 & 선(N. W. Ayer & Son)은 기업 이미지를 브랜드의 장기적 자산으로 관리하도록 유도했다. 예컨대 미쉐린맨 비벤덤(Bibendum) 같은 캐릭터는 반복 노출된 이미지가 한 회사와 제품에 대한 집단 기억을 어떻게 차지하는지 보여 주는 상징이 되었다. 20세기 초에 이르러 타임스 스퀘어(Times Square)를 비롯한 대도시의 거리는 대형 스크린 간판과 네온사인으로 뒤덮어 야경의 스카이라인 자체가 하나의 거대한 광고판이 되었다. 우리는 언제나 쏟아지는 이미지 속에서 살아 왔다. 20세기와 지금 거리의 디지털 사이니지를 비교해 봐도 해상도와 밀도의 차이만 있을 뿐 화려하고 강력한 이미지가 여전히 우리의 시야를 점유하고 있다. 더 나아가 거리를 벗어나 개인 공간에 들어간다 해도 TV와 스마트폰의 화면으로 확장된 이미지들은 우리 눈이 쉴 틈을 주지 않는다. 결국 이미지는 공간을 초월해 시간을 점유하는 자극제인 것이다.

이미지의 공격

이미지는 사람들의 눈을 사로잡기 위해 계속 진화해 왔다. 스마트폰이 등장하기 이전까지 이미지는 단순히 소비자의 눈길이 오기만을 기다리고 얼마나 그 눈을 오래 붙잡아 두는가에 초점이 맞춰져 있었다. 하지만 스마트폰 시대의 이미지는 사용자가 적극적으로 화면 속 이미지에 주의력을 붙잡아 두도록 설계되어 있다. 알고리즘 데이터는 주목받지 못하는 이미지를 화면에서 빠르게 제거하고 사용자의 입맛에 맞는 조합으로 제공한다. 이렇게 끊임없이 변화하는 온라인 정보 흐름은 여러 매체로 주의력을 나누는 대신, 지속적으로 끌어당기는 패턴을 낳는다(Firth et al., 2019). 그 결과 짧은 영상과 피드 전환에 익숙해진 사용자는 한 화면에 오래 머무르기보다 건너뛰기, 2배속 보기를 선호한다.

인지 부하 이론에 따르면 인간의 작업 기억 용량은 매우 좁고, 이 용량을 넘어서는 순간 학습을 위한 이해력과 판단력이 급격하게 비효율적으로 움직이게 된다(Sweller, 1988). 예를 들어 SNS 타임라인을 생각해 보자. 이미지의 내용에 대한 사용자의 반응은 내재 부하에 영향을 주고, 플랫폼 환경은 외재 부하에 영향을 준다. 이때 사용자는 계속해서 장면 전환과 강한 자극을 주는 이미지에 반응하며 작업 기억 대부분이 화면 전환과 자극 처리에 소모된다. 이미지를 정보로 조직하고 지식으로 연결하는 정교화 과정에 소홀하게 된 것이다. 오늘날 이미지 소비의 문제는 이같이 정보의 습득이 아니라 일회성 자극의 반복에 있다.

이미지의 생산에서도 마찬가지인데 생성형 AI는 간단한 프롬프트만으로도 완성도 높은 다수의 이미지를 빠르게 만들어 내지만, 이때 선택지의 급증과 지나치게 높은 해상도의 이미지 출력은 사용자의 인지 자원을 소진시킨다. 정보가 너무 과도해 인지 부하(cognitive load)

가 일어나고, 이미지 생산자는 AI의 선택 결과에 의존하게 된다. 스스로 개념 공간을 탐색하지 않고, 대상(object) 혹은 겉모습만 만지작거리며 깊은 개념 설계를 회피하는 경향이 생긴다. 우리는 생각을 천천히 빚어내기보다, 이미 완성된 것으로 보이는 이미지들을 평가하고 고치는 역할에 머문다. 이때 인지적 부담은 두 겹으로 쌓일 수밖에 없다. 한편으로는 많은 이미지를 처리해야 하는 양적 과부하가, 다른 한편으로는 '내가 만들고 있다'는 감각이 줄어드는 정서적 피로가 동시에 작동하게 되었다(Guo et al., 2023; Yu, 2025).

이미지 과잉과 감각의 상실

정보 과잉이라는 말은 오래전부터 쓰여 왔다. 앨빈 토플러(Alvin Toffler)는 《미래 쇼크(Future Shock)》에서 너무 짧은 시간 안에 너무 많은 변화가 몰려올 때, 사회가 방향 감각을 잃고 의사 결정이 마비될 수 있다고 경고했다(Toffler, 1970/1990). 정보란 현실 세계 속에서 여러 관찰과 측정의 결과로 얻어진 데이터를 목적에 맞게 가공한 것이다. 따라서 해석과 편집의 과정을 거친 의미 있는 내용을 의미하기도 한다. 과거 정보는 텍스트와 이미지의 균형과 상호 보완적 관계를 바탕으로 전달되었으나

오늘날 정보 과잉은 이미지에 집중된 현상을 보여 준다.

알고리즘이 선별한 사진, 숏폼 영상, 밈 등은 맥락과 상관없이 하나의 화면 위로 이미지를 쏟아 놓는다. 친구의 일상과 광고 이미지가 같은 화면 안에서 뒤섞이고 출처나 의도는 드러나지 않는다. 이때 우리의 눈은 이미지를 단순한 감상의 차원에서 보기 어렵게 만든다. 선택하고 기억할 것과 무시해도 좋은 것, 믿을 만한 것과 믿기 어려운 것을 계속해서 판단해야 하는 상황은 우리에게 인지적 부담을 가져온다. 그런데 AI 생성 이미지의 난입은 이러한 문제를 더욱 가속한다. 이러한 이미지가 가장 위협적인 이유는 이미지 제작 비용이 극단적으로 낮아 짧은 시간 안에 수많은 버전의 장면을 생산할 수 있다는 것이다.

플랫폼은 시청 시간과 이탈 지점과 같은 사용자 반응 데이터에 근거해 더 자극적인 이미지 조합의 패턴을 제공한다. 이때 자동화된 이미지의 생성은 우리의 취향을 이미 설계된 인지적, 정서적 패턴에 적응하도록 만들고 있다. SNS 이미지는 사용자의 주의 지속 시간을 짧게 만들고, 정보 수용을 피상적인 감정으로 흘러가게 만든다. 예를 들어 틱톡(TikTok)과 같이 짧은 영상 이미지를 제공하는 플랫폼은 빠른 화면 전환, 강한 시각적 자극, 무한 스크롤과 같은 기능을 통해 사용자가 시선의 움직임을 멈추지 못하게 유도한다. 파편화된 정보 소비가 얕은 처리(shallow processing) 방식으로 인한 인지 부하를 유발한다(Opara et al., 2025). 숏폼 영상 중독을 실증적으로 분석한 실험 연구에서도 중독 사용자는 영상 시청 중 시선 고정 시간이 짧고 고정 지점이 더 많으며, 시청 이후에도 방해 자극을 억제하지 못해 반응 시간이 느리고 정답률이 떨어지는 등 주의가 더 단편화되어 있음이 확인되었다(Chen et al., 2022). 결국 SNS에서의 이미지 과잉은 실제로 사용자의 인지 자원을 과도하게 분산시켜 깊이 있는 사고를 수행하지 못하게 만든다.

무뎌진 감각과 인식

Chat GPT-4o의 이미지 생성 기능이나 미드저니(Midjourney), 나노 바나나(Nano Banana)를 이용하면 몇 마디 단어만으로 고해상의 완성도 높은 이미지를 생산할 수 있다. 목적에 맞는 이미지 하나를 만들어 내기 위해 고된 창작의 과정을 거칠 필요가 없어졌다. 이미지 생산에 대한 감각과 인식은 이제 '뽑아낸다'라는 표현이 걸맞을 만큼 일회성 소모품이 되었다. 2025년 초 SNS에서 유행한 '지브리 스타일' 이미지는 이런 변화를 상징적으로 보여 준다. 사용자가 셀피를 한 장 올리고 "지브리 느낌으로"라는 짧은 프롬프트를 더하면 애니메이션 〈이웃집 토토로〉나 〈센과 치히로의 행방불명〉을 연상시키는 스타일의 자화상 일러스트레이션이 마치 자판기처럼 쏟아져 나온다. 지브리 스튜디오(Studio Ghibli)의 미야자키 하야오(宮崎駿) 감독이 강조하는 특유의 수작업 미학은 이 생산 과정에서 이미 희석된 지 오래다. 원본과 구별되지 않을 정도의 모방 이미지가 수많은 SNS 타임라인을 채울수록 지브리 애니메이션의 이미지는 오랜 시간이 축적된 감성과 세계관이 아니라 몇 초 만에 호출하고 바로 폐기시킬 수 있는 시각 상품으로 전락했다(Di Placido, 2025). 이와 같이 '놀라운 창작 편의'와 '스타일 모사' 그리고 '이미지 창작 윤리'에 관한 논쟁은 궁극적으로 시각 문화 속 이미지의 다양성이 삭제될 수 있다는 우려를 가져온다. 서로 다른 얼굴과 사연을 지녔던 개인의 이미지는 유행하는 필터를 거치면서 비슷한 색감과 표정으로 평평해진다. 따뜻하고 둥근 눈망울, 수채화 풍의 배경이 반복 재생되면서 폭력과 정치적 갈등, 불안의 맥락은 지워지고, 사용자는 그저 "귀엽다", "힐링된다"는 인상만 소비한 채 스크롤을 넘기는 데 익숙해져 버렸다(이주영, 2025).

이처럼 비슷한 형식의 이미지가 끝없이 복제, 생산되는 환경에서는 우리의 시각적 경험이 좁아지고 동시에 이미지에 대한 감각과 인식의 기준도 낮아진다. 미디어 이론가 스튜어트 유웬(Stuart Ewen)은 "형태는 곧 권력이고 형태는 소비를 따른다(Form Follows Power, Form Follows Waste)"고 강조했다(Ewen, 1988/1996). 유웬이 말한 이 메시지는 플랫폼 환경에서 추천과 순위 매기기로 권력의 형성과 폐기를 반복하는 이미지 소비의 속성에 다시 한번 강한 통찰을 준다.

이미지는 텍스트보다 더 먼저 사용자에게 다다른다. 스크린 화면으로 뉴스를 볼 때 헤드라인보다 섬네일(thumbnail)이 먼저 눈에 들어온다. 사람들은 기사 내용보다 기사 속 사진의 분위기에 더 빠르게 반응한다. 채팅으로 소통할 때도 마찬가지다. 텍스트 문장 대신 이모지와 밈을 주고받으며, 우리는 그림을 하나의 언어로 인식해, 때로는 "말보다 더 강한 말"로 이미지를 사용한다. 이 모든 과정이 정보의 과잉이다. 하지만 우리를 압도하는 모든 이미지는 달콤한 형상으로 우리를 공격하고 있다. 이미지의 생산과 소비 속도는 동시에 가속화되고 우리의 감각은 극단적으로 소진될 위험에 놓여 있다. 우리는 과연 무엇을 보고, 무엇을 읽고 있다고 말할 수 있을까.

참고문헌

이주영(2025.4.17). “우리 시대의 무의식 – 지브리풍 챗GPT 이미지 생성 열풍과 생각의 무능”. 씨네21. https://cine21.com/news/view/?mag_id=107336

Chen, Y. et al.(2022). The effect of short-form video addiction on users' attention. *Behaviour & Information Technology*. Advance online publication. https://doi.org/10.1080/0144929X.2022.2151512

Di Placido, D.(2025.3.27). The AI-generated Studio Ghibli trend, explained. Forbes. https://www.forbes.com/sites/danidiplacido/2025/03/27/the-ai-generated-studio-ghibli-trend-explained/

Ewen, S.(1988). *All consuming images: The politics of style in contemporary culture (Rev. ed.)*. Basic Books. 백지숙 옮김(1996). 《이미지는 모든 것을 삼킨다》. 시각과언어.

Firth, J. et al.(2019). The 'online brain': How the Internet may be changing our cognition. *World Psychiatry, 18*(2), pp.119~129. https://pmc.ncbi.nlm.nih.gov/articles/PMC6502424/

Guo, X. et al.(2023). Rethinking designer agency: A case study of co-creation between designers and AI. *IASDR 2023: Life-changing design*. https://doi.org/10.21606/iasdr.2023.478

Opara, E. et al.(2025). The impact of TikTok's fast-paced content on attention span of students. *International Journal of Research Publication and Reviews, 6*(8), pp.5045~5052.

Sweller, J.(1988). Cognitive load during problem solving: Effects on learning. *Cognitive Science, 12*(2), pp.257~285.

Toffler, A.(1970). *Future shock*. Random House. 장을병 옮김(1999). 《미래의 충격》. 범우사.

Yu, W. F.(2025). AI as a co-creator and a design material: Transforming the design process. *Design Studies, 97*, 101303. https://doi.org/10.1016/j.destud.2025.101303

02
이미지의 이해

이 장은 이미지의 개념적 이해를 돕기 위해 이미지의 시간성, 상상력, 언어적 특성을 포괄하는 철학적 배경을 정리한다. 이미지의 의미를 설명하는 다양한 사례를 통해 '보는 것'과 '읽는 것'의 구분 기준을 탐구하고 이미지가 구체와 추상, 감각과 사고를 잇는 매개라는 관점을 바탕으로 오늘날 이미지를 비판적으로 해석하기 위한 담론을 제시한다.

노래하는 AI 보컬?

이미지란 무엇인가?

이미지는 일반적으로 그림, 사진, 동영상과 같이 눈에 보이는 것으로 이해한다. 하지만 실제로 이미지라는 개념은 눈에 들어온 자극에 몸 전체의 기억과 감각이 더해져 해석의 과정으로 형성된 의미의 결합물이다. 다시 말해 이미지는 어떤 인상에 우리의 경험과 감정 혹은 기억이 덧입혀진 상태로 '보이는 것'이라는 단순 접근으로 설명되기 어렵다. 따라서 이미지를 '만든다'는 행위 또한 대상을 그대로 복제하는 일이 아니라 그 이미지를 받아들이는 사람의 감정과 기억이 전제된 상태에서 하나의 표면을 조직하는 일이라고 할 수 있다. 이 과정에서는 시각뿐만 아니라 다른 오감이 모두 관여해 인간의 머릿속 이미지 형성에 영향을 미친다.

시각적으로 눈에 보이는 이미지는 빛과 색, 형태가 만들어 낸 하나의 '표면'이다. 동시에 이 표면은 사회적으로 학습된 규칙과 관습을 통해 특정한 의미와 감정, 행동을 끌어내도록 설계된 기호적 장치이기도 하다. 즉 이미지는 색, 형태, 구도 같은 감각적 형식, 문화적 규범이나 상징체계 같은 사회적 코드, 그리고 이를 구현하는 기술적 매체(종이, 스크린, 디지털 기기)가 서로 결합해 작동하는 복합체다. 그래서 시각 이미지를 한눈에 구조적으로 파악했을 때 우리는 마치 눈앞에 대상이 실제로 있는 것처럼 '현존감'을 느낀다. 플루서(Vilém Flusser)에 따르면 기술 이미지(technical images)는 개념의 계산에서 산출되지만, 그 계산을 다시 감각적으로 '보이게' 만드는 표면으로서 작동한다(Flusser, 2011). 따라서 이미지는 구체적 경험과 추상적 사유 사이를 왕복시키는 매개 범주로 이해될 수 있다. 물질적 자극과 개념적 사고를 이어 붙이는 중간 지대로 이미지는 우리가 '느끼고 생각하는 방식'을 고스란히 드러낸다.

이미지의 시간성

이미지는 시간의 관점에서도 여러 층위를 갖는다. 베르그송(Henri-Louis Bergson)은 "이미지는 물질 그 자체이며, 관념의 '표상'과 실재하는 '사물'의 중간에 위치하는 존재"라고 말했다. 그는 이미지의 개념을 현재 눈앞의 장면을 받아들이는 '지각 이미지', 과거의 경험을 다시 떠올리며 재구성하는 '기억 이미지', 아직 오지 않은 미래를 미리 그려보는 '예견 이미지'라는 세 가지 범주로 설명한다(Bergson, 1990).

지각 이미지는 같은 장면이라도 앵글(보는 방향), 프레이밍(어디까지 화면에 담았는지), 조명(빛의 방향)에 따라 전혀 다른 인상을 남긴다. 같은 거리를 찍더라도, 약간 낮은 시점과 따뜻한 색온도, 넓은 화각 등의 선택 여부에 따라 관람자는 '위압적인 거리'를 경험할 수도 있고 '풍경화 같은 이미지'로 바라볼 수도 있다.

한편 기억 이미지는 과거 장면을 그대로 복제하는 것이 아니라, 그 기억을 떠올리는 현재를 기준으로 의식과 무의식의 경계에서 매번 새롭게 구성된다. 프루스트(Marcel Proust)가 《잃어버린 시간을 찾아서》에서 보여주듯, 현재의 감각과 과거의 기억 이미지가 겹쳐질 때 우리는 과거와 현재를 새로 연결하며 또 하나의 '현재'를 만든다(Proust, 1913/2012). "차에 적신 마들렌 조각의 맛과 향이 한순간에 옛날 그 집, 그 마을의 거리와 방, 공기의 감각까지 통째로 되살려 낸다"로 묘사되는 장면은, 사소한 감각 자극이 기억 이미지를 폭발시키며 과거 전체를 다시 현재 의식 속으로 소환하는 과정을 잘 보여 준다. 디지털 환경에서 이러한 시간의 층위는 더 명확하게 확인된다. 스마트폰으로 찍어서 저장하는 사진과 동영상은 어떤 순간의 지각 이미지를 붙잡아 둔다. 동시에 이 이미지들이 디지털 장치의 저장소나 클라우드에 저장되어 언제든 호출 가능한 기억 이미지로 전환된다. 예를 들어 '여름 도쿄 여행'이라는 폴더를 열어 여행의 장면을 다시 볼 때 우리는 그때의 온도와 공기, 사람들 사이에서 느껴지는 촉감을 떠올릴 수 있다. 기억은 이제 머릿속에만 머무르지 않고 화면과 서버의 하드디스크에 보관된 하나의 외재화된 저장소(archive)로 확장되었다.

예견 이미지는 어떻게 볼 수 있을까? 예견이란 아직 존재하지 않는 것을 향해 나아가는 상상력의 표식이다. 예컨대 미래 도시의 설계도나 더 나은 사회를 꿈꾸는 유토피아의 이미지는 가능할 듯한 세계를 미리 그려 보는 욕망과 결핍, 목표가 시각화되어 현재에서 선택과 행동을 이끄는 장치로 작동한다. 오늘날에는 3D 렌더링, 시뮬레이션, 콘셉트 아트, 그리고 생성형 AI 이미지가 이러한 예견 이미지를 시각화하는 도구가 된다. 언어로 더듬어 쓴 장면 설명이 화면 위에서 구체적인 이미지로 펼쳐질 때, 우리는 아직 오지 않은 장면을 미리 보고, 수정하고, 다시 그려 보며 미래에 대한 상상을 시험한다.

이미지와 상상력

이미지를 만드는 힘은 의식적 지각에만 머물지 않는다. 무의식과 상상력을 통해 만들어 내는 형상화의 층위에서도 이미지 생성은 끊임없이 일어난다. 프로이트(Sigmund Freud)는 "꿈을 이루는 시각적 이미지 속에 억눌린 욕망과 무의식적 충동이 비논리적인 방식으로 표현된다"고 보았다(Freud, 1900/2004). 꿈속 사고는 개념이 아니라 이미지로 흘러가며, 무의식의 논리를 이해하려면 이러한 시각적 표상을 읽어야 하는 것이다. 프로이트에게 꿈은 곧바로 읽을 수 있는 메시지가 아니라 압축과 치환, 왜곡을 거친 표면 이미지다. 그는 "눈앞의 꿈을 그 배후에 숨어 있는 꿈, 다시 말해 사고(思考)로 치환하는 일"이라고 설명한다(Freud, 1900/2004). 이때 꿈 이미지는 무의식이 만들어 낸 시각적 암호문이며, 우리는 이 암호를 해독하는 과정을 통해 무의식의 구조를 더듬어 간다. 한편 융은 문화와 시대를 가로질러 반복되는 '원형(archetype)'이라는 이미지 구조를 제시한다. 모성, 그림자, 아니마(Anima), 아니무스(Animus) 같은 원형은 개인의 구체적 경험을 넘어서는 집단적 상상계의 패턴인데 그에 따르면 집단 무의식은 이미 형성된 '사유의 형식들'로 이루어져 있으며, 이 형식들이 심리적 내용에 형태를 부여한다(Jung, 1968/2024). 즉 우리가 떠올리는 많은 이미지들은 개인적 기억을 넘어, 인류가 오래도록 공유해 온 상징과 이야기의 틀을 빌려 형성한 것이다.

바슐라르(Gaston Louis Pierre Bachelard)는 이미지 생성 능력을 꿈과 연결 짓는다. "이미지는 이성의 빈틈을 메웠을 때 떠오르는 창조적 힘"이고 '몽상(rêverie)'은 머리가 텅 비어 있는 상태가 아니라 "영혼에 주어진 한 시간의 선물"과 같은 상태다(Bachelard, 1960/2007). 몽상 속에서 떠오르는 이미지는 우리의 상상계 전체를 재구성하며 디지털 환경에서 이러한 상상계는 새로운 방식으로 표면화될 수 있다. 이미지로 뒤덮인 SNS의 피드는 집단적인 '몽상 화면'으로 봐도 무방하다. 왜냐하면 개별 이미지는 독립된 사용자의 손을 거쳐 만들어졌지만 실제로는 비슷한 욕망과 공포, 이상적으로 만들어진 몸과 풍경, 영웅적 서사와 낭만적 서사가 끊임없이 반복된 결과로 거대한 집단적 심상을 이룬 것이라고 볼 수 있기 때문이다. 생성형 AI가 학습하는 방대한 이미지 데이터세트(Dataset) 역시 현대 사회의 모태 이미지들이 새로운 기술적 토양 위에서 재조직된 공간이라고 할 수 있다. 한 장의 AI 생성 이미지는 사용자가 입력한 프롬프트를 반영하는 동시에, 선행 이미지의 패턴과 스타일이 통계적으로 압축된 결과다. 따라서 우리는 이미지가 탄생하게 된 구조를 이론적으로 알아채지 못하더라도, 그 결과물에서 '어디선가 본 듯한' 익숙한 정서를 감지할 수 있다.

이미지와 언어

은유, 비유, 환유와 같은 형상적 언어는 추상적인 개념에 감각을 덧입혀 의미를 만들어 낸다. 이러한 형상적 언어가 없다면 문학은 아무런 상상력을 자극할 수 없고 단순 정보 전달에 머무르게 된다. 우리는 언어가 만들어 내는 이미지 덕분에 세계를 조금 더 다채롭게 살아있는 '전체'로 경험할 수 있다. 이미지란 어떤 대상 자체와 그것을 개념으로 만드는 행위 사이에 놓인 매개자이고 감각적 경험과 지적 사유를 한 몸 안에 결합시키는 역할을 한다. 따라서 이미지를 이해한다는 것은 우리가 어떻게 느끼고 생각하는지를 알아가는 과정이다. 예를 들어 "쓸쓸한 저녁 하늘", "몽환적인 도시", "따뜻하지만 어딘가 불안한 얼굴" 같은 표현은 이미 문장 안에서 이미지의 색조와 분위기를 상상하도록 만든다. 우리는 이런 언어적 이미지를 떠올리면서 그림을 그리거나 촬영한 이미지를 필터로 보정해 자신이 원하는 정서에 가까운 이미지를 만들어 낸다.

AI로 이미지를 생성할 때 우리는 언어적 이미지를 텍스트로 재구성하는 과정을 거친다. 프롬프트의 작성은 명령어를 입력하는 것이 아니라 내가 떠올린 모호한 상(象)을 언어적 이미지로 가다듬는 작업에 가깝다. "따뜻하지만 쓸쓸한 미소"를 표현하는 이미지를 가정해 보자. 이때 이미지 생성의 과정은 '언어적 이미지'를 통해 '시각 이미지'가 만들어진다. 그리고 다시 '시각 이미지'는 새로운 언어와 상상을 불러낸다. 바슐라르가 말한 몽상처럼 우리는 이와 같은 상상의 반복 과정을 거쳐 과거 · 현재 · 미래를 연결하는 구체화된 언어 세계를 만들고 있다(Bachelard, 1960/2007).

이미지와 저자성

지금까지 살펴본 바와 같이 이미지 생성은 새로운 그림을 얻기 위한 기술에 한정되지 않고 언어와 상상력, 감각과 개념이 정교하게 맞물린 복합적인 매개다. 그렇다면 이미지의 생산자는 온전한 저작자가 될 수 있을까? 사진가가 자신의 작품에 이름을 붙인다고 해서 그 이미지가 곧 개인의 의도와 감정을 담은 순수한 표현이라고 말할 수 있을까? 왜냐하면 촬영 시점과 구도, 사용된 도구, 장르적 관습과 상징체계, 그리고 이 이미지를 받아들이는 관객의 기억과 상상력이 함께 개입할 때 비로소 이미지가 하나의 의미를 가질 수 있기 때문이다. 그렇기 때문에 '저자성(authorship)'은 고정된 실체라기보다, 이미지가 생성되고 수용되는 과정 전반에 걸쳐 맺어진 관계에 더 가깝다.

롤랑 바르트(Roland Gérard Barthes)는《저자의 죽음(The Death of the Author)》에서 텍스트를 한 개인이 창조한 결과물이 아니라 이미 존재하던 담론 · 인용 · 코드가 직물처럼 얽힌 구조로 이해하라고 설명했다(Barthes, 1977). 프롬프트에 사용되는 언어는 이미 통용되는 장르나 스타일에서 사용되는 어휘의 집합이다. 따라서 생성형 AI로 만들어진 한 장의 사진이나 일러스트레이션에는 생산을 주도한 제작자의 선택뿐만 아니라 시대의 미적 규범이 녹아 있다. 이러한 이미지는 여러 형태로 공유된 데이터 속에서 분산된 저자성을 모아 다시 직조한 결과물이다. 이미지의 이해는 이미지가 어떻게 집단적 상상력을 패턴화하고 어떤 언어를 통해 조율하고 있는지 읽어 내는 일에서 시작된다.

참고문헌

Bachelard, G.(1960). *La poétique de la rêverie*. Presses Universitaires de France. 김웅권 옮김(2007). 《몽상의 시학》. 동문선.

Barthes, R.(1977). *Image, music, text*. In Heath, S.(trans.). Fontana Press.

Bergson, H.(1990). *Matter and memory*. In Paul, N. M. & Palmer,

W. S.(trans.). Zone Books. (Original work published 1896, *Matière et mémoire: Essai sur la relation du corps à l'esprit*. Félix Alcan.)

Durand, G.(1960). *Les structures anthropologiques de l'imaginaire*. Presses Universitaires de France. 진형준 옮김(2022). 《상상계의 인류학적 구조들》(개정판). 문학동네.

Flusser, V.(2011). *Into the universe of technical images*. University of Minnesota Press.

Freud, S.(1900). *The interpretation of dreams*. Hogarth Press. 김인순 옮김(2004). 《꿈의 해석》. 열린책들.

Jung, C. G.(1968). *The archetypes and the collective unconscious (2nd ed.)*. In Hull, R. F. C.(trans.). Princeton University Press. 한국융연구원 C. G. 융 저작번역위원회 옮김(2024). 《원형과 무의식》(개정판). 솔.

Proust, M.(1913). *À la recherche du temps perdu*. Grasset & Gallimard. 김희영 옮김(2012). 《잃어버린 시간을 찾아서 1: 스완네 집 쪽으로 1》. 민음사.

03
이미지의 오해

이 장은 같은 이미지를 두고도 서로 다른 해석이 나오는 이유를 시선과 권력, 그리고 우리의 인지 방식에서 찾는다. 기술적, 담론적, 사회적 세 개의 층위에서 시선은 이미지를 '어떻게 읽어야 할지' 정해 두고 편향성을 만들어 낸다. AI 생성 이미지의 자동화된 시선과 '계산적 매너리즘'은 진짜보다 더 진짜 같은 이미지로 개인의 취향을 어떻게 왜곡하고 있을까.

인공지능과 편향?

이미지를 보는 시선과 권력

오늘날 우리가 만나는 수많은 이미지는 사용자들의 생각을 보관하는 거대한 저장고다. 문제는 이미지가 너무 많아지고 있다는 사실이 아니라, 그 이미지들이 우리의 생각과 상상력을 어떤 방향으로 조직하고 있는가에 있다. 아리스토텔레스(Aristotle)는 "영혼은 상(image) 없이는 생각하지 않는다"고 말하며, 감각 경험이 지나간 뒤에 남는 심적 표상(phantasia)의 역할을 강조했다. 이미지는 진리에서 멀어진 왜곡이 아니라 감각과 이성을 매개하는 사고의 재료다. 그럼에도 불구하고 이미지는 우리 생각의 방향을 조급한 판단과 흑백논리, 감정적 반응이 촉발하기 쉽도록 설계되어 있다. 오늘날 매체 환경에서 중요한 특징은 이미지가 생각을 일으키는 심상(心象)이자 사고를 특정 방향으로 몰고 가는 틀이 된다는 점이다.

우리는 종종 이미지를 있는 그대로 본다고 믿는다. 그러나 대부분의 이미지는 관람자가 어떻게 볼지 유도하기 위해 '의도'되어 있다. 예컨대 카메라의 높이와 거리, 사용하는 렌즈와 크롭 방식, 조명과 피사체의 배치 등 시점과 보는 방식이 설계되어 있는 것이다. 이렇게 이미지를 구성하는 요소는 누가 주인공이고 누가 주변부인지, 무엇이 의미가 되고 무엇이 배경이 될지를 미리 정해 두는

'시선의 장치'다. 이 시선의 장치는 이미지가 가지는 권력의 층위를 드러내는데 그 자세한 층위는 다음과 같다.

첫 번째는 기술적 층위의 시선이다. 사진 또는 영상의 기록에서 카메라 위치, 렌즈, 조명, 색감의 설계, 프레이밍과 같은 기술적 선택은 하나의 시각 문법을 형성한다. 존 버거(John Berger)는 르네상스의 원근법이 관람자에게 세계를 내려다보는 '특권적 자리'를 부여하고, 모든 대상을 관람자의 시선 주위로 정렬한다고 강조한다(Berger, 1973/2012). 예컨대 정치인을 아래에서 위로 올려다보는 앵글은 권위와 우월성을, 위에서 내려다보는 시점은 취약함과 무력감을 암시한다. 같은 인물이라도 렌즈의 거리와 시선의 높이에 따라 전혀 다른 인상과 의미를 갖게 된다. 두 번째는 담론적 층위의 시선이다. 장르, 미장센, 클리셰와 같은 관습적 이미지는 "어떻게 말할 것인가"를 규정하는 담론의 범주에 있다. 예를 들어 로맨틱 코미디 장면을 상상해 보자. 부드러운 조명과 느린 패닝 숏(panning shot)은 '사랑받을 대상'을 시각적으로 보여 준다. 한편 스릴러 영상의 클로즈업과 절제된 조명은 불안과 통제를 표현하는 영상 연출 방식이다. 마지막으로 사회적 층위의 시선을 살펴보자. 성별, 인종, 계급과 같은 시선의 틀걸이는 사회적 권력 구조와 맞물려 있다. 로라 멀비(Laura Mulvey)는 고전 할리우드 영화에서 관객의 시선을 특정한 방식으로 구조화했던 사례에서 남성적 시선(male gaze)이 여성을 '보이는 존재'로 두는 방식을 비판했다(Mulvey, 1975). 이와 대응하는 개념으로 벨 훅스[bell hooks(본명: Gloria Jean Watkins)]는 대항적 시선(oppositional gaze)을 강조해 피지배 집단이 이미지를 비판적으로 바라볼 때 다른 해석이 가능한 실천적 관점을 제안한다(hooks, 1992). "누가 누구를 바라보는가, 그 시선에서 누가 어느 자리에 배치되는가"는 사회적 위계의 문제다.

이 세 가지 층위의 시선은 상호 보완적 관계에 있다. 기술적 선택이 특정 담론을 만들고 그 담론이 다시 사회적 위계를 재생산한다. 다시 말해 이미지를 보는 시선은 시각적 자극을 보이지 않는 규칙에 따라 학습하고 능동적으로 받아들이는 일이다.

이미지를 사고하는 방식

이제 이미지의 시선을 외부에서 우리 내부의 인지 구조로 옮겨 보자. 대니얼 카너먼(Daniel Kahneman)의 개념을 빌리면, 인간의 인지(認知, cognition)는 빠르고 자동적이며 감정적인 '시스템 1'과 느리고 의식적이며 분석적인 '시스템 2'라는 두 체계로 작동한다(Kahneman, 2011). 예컨대 뉴스 피드에서 스치는 사진 한 장을 볼 때, 우리는 '따뜻하다, 불안하다, 아름답다' 같은 감정적 정서를 느끼게 된다. 이미지 자체의 색상, 밝기 또는 이미지 속 대상이 가지는 표정, 자세, 구도, 익숙한 시각 코드와 같은 단서가 보는 이의 경험이나 문화적 기억과 만났을 때, 우리의 뇌는 즉각적으로 직관을 만들어 낸다. 이것이 시스템 1의 작동 방식이다. 시스템 1은 의식적인 분석이 일어나기 전에 "좋다, 나쁘다", "안전하다, 위험하다", "익숙하다, 낯설다"와 같은 평가를 순식간에 수행한다. 한편, 우리가 속도를 늦추고 이미지를 바라본다면 "이 이미지가 신뢰감을 주는 이유는 무엇인가?", "어떤 시각적 요소가 이 광고를 설득력 있게 만드는가?", "이 사진은 정말 믿을 만한가?"와 같은 질문이 개입할 수 있다. 이같이 사고가 느슨하게 작동하는 것을 시스템 2라고 규정한다. 우리는 SNS 피드를 볼 때 시스템 2가 개입해 스크롤을 멈추고 분석하기보다 시스템 1이 내놓은 첫인상을 그대로 수용하는 경우가 많다. 이 때문에 우리가 일상에서 인식하는 이미지의 대부분은 감정적 층위에 머문다.

카너먼과 트버스키의 휴리스틱 · 편향 연구는 이러한

관점이 왜 중요한지를 보여 준다. 시스템 1은 복잡한 시각 정보를 빠르게 판단하기 위해 대표성, 가용성, 감정적 휴리스틱 같은 인지적 지름길을 사용한다(Kahneman & Tversky, 1974; Kahneman, 2003). 그래서 고정관념이 담긴 단 하나의 이미지가 전체 집단을 바라보는 방식을 규정한다. 예컨대 재난을 다룬 극적인 사진 한 장은 실제 통계가 말하는 위험도보다 더 큰 위험을 느끼게 한다. 시스템 1은 눈앞의 단편적인 장면으로부터 일관된 이야기를 만들려 하기 때문에, 우리는 "보이는 것이 전부다"라고 믿기 쉽다. 빠르고 감정적인 직관을 먼저 경험하고 느리고 비판적인 인지 과정을 의도했을 때만 시스템 2가 작동한다. 결국 시각 문해력은 이미지를 기술적으로 다루는 과정에서 내 안에서 즉각적으로 작용하는 시스템 1의 반응을 자각하고, 의도적으로 시스템 2를 호출해 그 맥락을 확인할 수 있는 역량이다. 이미지 해석에 대한 오해는 때때로 이미지가 전달하는 정보의 부족이 아니라 내 시선이 이미지에 대한 이해를 너무 빠르게 끝나 버리는 과정에서 시작된다.

AI 생성 이미지와 시선의 자동화

기호학의 언어로 보자면 이미지는 언제나 보이는 것(기

표, signifiant)과 뜻하는 것(기의, signifié)이 공존하는 매체다. 우리에게 가장 익숙한 이미지인 사진은 닮음에 기대는 아이콘(icon), 현실의 빛과 접촉한 흔적이라는 인덱스(index), 약속과 규칙으로 읽히는 심볼(symbol)의 성질을 동시에 지닌다. 전통적인 사진이 높은 신뢰를 얻어온 이유는 이 아이콘성과 인덱스성이 함께 작동하기 때문이다. 그러나 AI 생성 이미지는 인덱스성이 거의 없다. 카메라 앞에 실제 장면이 있었는지, 그 자리에 정말 사람이 서 있었는지는 보장되지 않는다. 스타일과 구도, 유행하는 색감으로 구성된 아이콘 · 심볼의 힘은 강하게 작용하지만 현실 '증거'로서의 의미는 훨씬 불안정하다. 게다가 AI 이미지는 프레임에 따라 의미가 계속 바뀌는 구조를 갖는다. 같은 이미지라도 어느 피드, 어떤 제목, 어떤 텍스트와 함께 표출되는가에 따라 전혀 다른 기의가 덧씌워진다. 롤랑 바르트가 "이미지의 의미는 텍스트가 정박(anchor)시키고 유도하는 작용을 통해 생겨난다"(Barthes, 1977)고 강조했지만, 오늘날 텍스트는 의미를 고정하는 닻이라기보다 계산된 설계 기준을 따라 기표 · 기의의 조합을 계속해서 다시 섞는 장치가 된다. 그 결과 해석자는 하나의 안정된 메시지를 읽는 주체가 아니라 알고리즘이 제공하는 프레임에 따라 반응하는 관객으로 점점 길들여진다.

레프 마노비치(Lev Manovich)는 AI 생성 이미지를 온전히 새롭게 창조된 결과가 아니라 매체 생산의 역사 속에서 탄생한 결정체로 해석한다. 예를 들어 그래픽 이미지가 콜라주나 샘플링, 리믹스 등 기존의 문화적 아카이브를 바탕으로 만들어진 결과물이라면, AI 생성 이미지는 대규모 데이터세트를 기반으로 이 작업이 수행된다. 제한된 참고 이미지(reference)를 선택하고 큐레이션 하는 대신 수십억 장의 이미지에서 패턴을 추출해 실제 존재하는 듯한 장면을 예측해 만들어 내는데 이 과정에서 드러나는 것이 계산적 매너리즘(computational mannerism)이다(Manovich & Arielli, 2024). 현재 상용화되어 있는 생성 모델들은 완전히 새로운 시각 언어를 발명하기보다 이미 성공한 장르나 스타일을 재조합한다. 예컨대 우리가 'AI 생성 이미지처럼 보인다"라고 느끼는 많은 이미지에서 대칭적인 구성, 강한 대비, 극적인 조명, 피사체와 배경의 또렷한 분리를 보여 주는 구도 같은 특성이 반복적으로 드러난다. 이는 실제로 새로운 미감이라기보다, 이미 지배적이던 시각 문화 속 이미지의 미학이 더 강하고 균질하게 증폭된 결과에 가깝다. 따라서 대규모 신경망은 수많은 이미지와 텍스트를 흡수한 뒤 그럴듯한 결과물을 내놓지만, 그 결과물의 내용은 패턴들 사이의 통계적 산출물이다. AI 생성 이미지는 어떤 이미지가 우리의 문화적 기억을 지배하고 있는지 간접적으로 드러내는데, 생성형 AI 시대의 시각 문화에서 발생하는 오해는 특정 아카이브의 데이터가 생성 결과의 시선을 자동화하고 그 시선이 우리 사고방식을 재조직하는 과정에서 발생한다.

플루서는 "기술 이미지는 세계를 관찰해 옮긴 결과가 아니라 개념을 계산해 만든 표면이며, 그 생산은 내부가 보이지 않는 블랙박스 장치와 그 프로그램에 의해 규정된다"고 강조했다(Flusser, 2000; 2011). 그래서 우리는 이미지를 읽고 해석한다고 믿지만, 실제로 기술적 장치가 허용하는 선택지 안에서 반응하는 기능인(functionary)이 될 여지가 크다. 이미지의 의미는 이미지 자체에 고정되지 않는다. 이미지의 유통 장치가 정보의 통로를 수용하면서 피드백의 입출력이 짧아지게 된다. 이 과정에서 가속화되는 판단이 이전보다 더 확신에 찬 편향을 만든다. AI 생성 이미지가 만들어 내는 오해는 '그럴듯함'이라는 현실의 증거(인덱스)보다 프로그램이 투사한 모델이 현실을 의미화하는 방식에 가깝다.

참고문헌

Aristotle(1931). *De anima (On the soul).* In Smith, J. A.(trans.). Clarendon Press. 오지은 옮김(2018). 《영혼에 관하여》. 아카넷.

Barthes, R.(1977). *Image, music, text.* In Heath, S.(trans.). Fontana Press.

Berger, J.(1973). *Ways of seeing.* Penguin Books. 최민 옮김(2012). 《다른 방식으로 보기》. 열화당.

Flusser, V.(2000). *Towards a philosophy of photography.* Reaktion Books.

Flusser, V.(2011). *Into the universe of technical images.* University of Minnesota Press.

hooks, b.(1992). The oppositional gaze: Black female spectators. In Black looks: Race and representation. South End Press. pp. 115~131

Kahneman, D.(2003). A perspective on judgment and choice: Mapping bounded rationality. *American Psychologist, 58*(9), pp.697~720.

Kahneman, D.(2011). *Thinking, fast and slow.* Farrar, Straus and Giroux. 이창신 옮김(2012). 《생각에 관한 생각》. 김영사.

Kahneman, D. & Tversky, A.(1974). Judgment under uncertainty: Heuristics and biases. *Science, 185*(4157), pp.1124~1131.

Manovich, L. & Arielli, E.(2024). *Artificial aesthetics: Generative AI, art and visual media.* (Open-access book).

Mulvey, L.(1975). Visual pleasure and narrative cinema. *Screen, 16*(3), pp.6~18.

04
AI 시대, 이미지의 정체성

이 장은 우리가 예쁘다고 생각하는 이미지의 기준에 대한 의심으로부터 시작한다. 오늘날 이미지가 가지는 '그럴듯함'은 플랫폼의 알고리즘이 짜 놓은 틀을 기준으로 만들어진다. 이 이미지들은 AI 생성으로 재생산되고 확산되면서 우리의 취향을 희석시키고 평준화된 아름다움에 길들여지도록 유도한다. 자동화된 우리의 시선은 이미지 과잉에 매몰된 채 정체성을 잃어가고 있다.

청각장애인과 AI?

그림자, 저장고, 시뮬라크르

플라톤의 《국가》에 나오는 동굴의 비유에서 벽에 비친 그림자는 우리가 감각으로 경험하는 실제(實際)가 아니라 그 현실 세계의 모방(mimesis)을 상징한다(Plato, 2004/2005). 이 비유는 이미지가 참된 진리, 이데아(idea)에 다가가기 위해 우리의 이성이 추구해야 하는 지점을 강조한다. 동굴 속 사람들이 그림자를 실제라고 착각했던 것과 같이 오늘날 디지털 매체에서 이미지는 현실을 그대로 반영하기보다 철저하게 편집된 세계를 보여 준다. 전통적 대중매체가 수직적 송출을 통해 이루어졌다면 인터넷은 수평적 네트워크 커뮤니케이션이 중심이 된다(Castells, 2010). 따라서 디지털 네트워크에서 공유되는 이미지는 때때로 현실에 종속된 그림자와 같이 실재(實在)를 가리는 가면에 가까워진다. 한편 발터 베냐민(Walter Bendix Schönflies Benjamin)은 사진과 영화 같은 기술 복제 매체가 예술 작품의 아우라(aura), 즉 '여기-지금'의 고유한 현존감을 소멸시킨다고 보았다(Benjamin, 2008/2017). 복제 기술이 발달하면서 이미지는 어디서나, 누구에게나, 같은 형태로 재현될 수 있게 된다. 디지털 환경에서 이 경향은 극단으로 치달아 맥락을 잃고 끊임없이 재가공 된다. 결국 이미지는 실체적 에

너지를 잃어버린 채 주목 경제(attention economics)에 최적화된 형식으로 기능하고 정치나 이데올로기 혹은 상품 홍보의 수단으로 쉽게 전락할 수 있다. 이 때문에 이미지의 정체성은 "어딘가 존재하는 유일한 흔적"이 아니라 언제든 대체 가능한 대상이 되었다.

장 보드리야르(Jean Baudrillard)는 현대 사회의 이미지를 시뮬라크르(simulacrum)라고 가리켰다(Baudrillard, 1994/2001). 이미지가 더 이상 어떤 원본을 충실히 모사하지 않고 오히려 이미지와 기호가 스스로 원본처럼 기능한다. 예를 들어 광고 속에서 반복되는 '행복한 연애', '완벽한 몸', '성공적인 라이프 스타일'과 같은 이상적 이미지들은 현실 속 개인의 삶이 반영된 것이 아니다. 이 이미지들은 현재 모습이 아니라 무엇을 욕망해야 하고 어떤 모습이 되어야 하는지 규정한다. 사람들은 현실의 경험을 규정된 이미지에 맞추어 연출하고 포장한다. 여기서 이미지의 정체성은 현실의 반영이 아니라 현실이 따라가야 할 규범 모델이다. 우리는 현실보다 더 진짜 같은(hyperreal) 이미지들 속에서, 경험과 연출의 경계를 잃어버린 채 살아가고 있다. 이미지가 원본을 모사하는 것이 아니라 소환해 생성할 수 있는 것이라면 '지브리 스타일'로 도배된 프로필 사진은 더 이상 한 개인을 상징하는 이미지가 아니라 Chat GPT가 만든 시뮬라크르일 뿐이다.

플랫폼 미학과 자기 이미지

인스타그램 피드에는 어딘가 익숙한 이미지들로 가득하다. 내가 올린 이미지가 아니지만 내 마음에 드는 스타일이 끊임없이 나타난다. 이미 본 것 같은 느낌의 이미지, 내 취향에 꼭 맞는 이미지의 반복, 우리는 이와 같은 방식으로 '예쁘다', '아름답다'고 느끼는 방식을 익혀 왔다. 그런데 이러한 방식은 누구로부터 배운 것일까? 바로 플랫폼이다. 더 정확히 말하면 추천 알고리즘, 프리셋 필터와 템플릿, 사전에 규정되어 있는 섬네일 규격이 일상에서 "어떤 이미지를 예쁘다고 느낄지", "어떤 이미지를 올려야 반응이 잘 오는지"를 알려준다. 예컨대 '좋아요'의 반응이 많은 이미지는 일정한 패턴을 가지고 있다. 밝은 자연광 느낌, 수평과 수직의 균형이 정확하게 잡혀있는 구도, 균일하게 피부톤을 맞춘 인물의 색 보정 등 특정 패턴을 따라 만들어진 이미지는 즉각적인 보상을 얻게 된다.

플랫폼에서의 보상은 팔로워의 증가, 하트 표시 또는 댓글과 같은 반응의 빈도로 나타나고 이 보상에 다시 반응하기 위해 같은 생산 방식이 반복된다. 보상 기대에서 모방 그리고 다시 취향 강화의 루틴이 누적될수록 개인의 계정에 대한 미적 결정권은 사용자에서 플랫폼으로 넘어가게 된다. 레프 마노비치는 인스타그램에 올라온 수백만 장의 이미지 분석을 통해 플랫폼 사용이 특정한 구도, 색감, 주제를 반복하게 만들고, 그 결과 '시각 표현의 동질화(visual homogenization)'를 촉진시킨다고 지적한다(Manovich, 2019). 이미지 플랫폼의 대명사인 인스타그램은 단순한 이미지 공유를 위한 도구가 아니라 미학을 설계하는 온라인 환경이다. 따라서 인스타그램에서 생산되는 알고리즘은 사용자의 피드에 무엇을 노출시킬지 결정하는 것뿐만 아니라 무엇을 아름답다고 느끼게 할지를 함께 학습시키고 있는 것이다.

학습된 인스타그램식 스타일은 사용자가 미적 노동을 조직하도록 만든다. 하나의 예로 많은 팔로워를 보유하고 있는 인플루언서(influencer) 혹은 인터넷 셀럽(internet celebrity)의 계정을 살펴보자. 그 계정은 하나의 작은 잡지 혹은 브랜드 페이지와 같이 구성되어 있다. 특정 테마가 있고 반복되는 주제를 골라 업로드한다. 이미지의 색은 일정한 수준을 유지하도록 편집되어 있고 시간의 흐름에 따라 표정과 몸의 각도도 연출된다. 여기에서 이미지들은 구체적인 메시지를 전달하기보다 계정 전체를 구성하고 있는 감정의 톤을 유지하는데 더 큰 역할을 한다. 여기에 AI 생성 이미지가 합류하면 이와 같은 패턴의 반복은 더욱 가속화된다. 웹에서 수십억 장의 이미지를 학습한 결과를 바탕으로 만들어진 이미지는 하나의 디자인된 포맷을 양산하고 모든 이미지를 익숙한 모습으로 평준화시킨다.

초고해상도 인물 사진, 파스텔톤 인테리어, 노을이 비치는 안개 낀 산, 플랫 레이(flat lay) 이미지 등은 인스타그램식 시각 문화의 정수를 통계적으로 추출해 보여 주는 결과다. 과거에는 사용자가 필터 중 하나를 고르는 수준이었다면, 이제는 플랫폼이 축적한 방대한 이미지에서 추출한 '잠재적 스타일'에 따라 이미지를 통째로 만들어 내거나 변형한다. 인스타그램식 미감이 AI를 훈련시키고, AI가 만든 이미지가 다시 인스타그램과 틱톡으로 재유통되면서 같은 미감이 더 강하게, 더 넓게 반복되는 피드백 루프(feedback loop)가 형성된다.

이미지의 전형성과 편향

2023년 봄, 하얀 패딩을 입은 교황의 사진이 SNS를 휩쓸었을 때 사람들은 의심 없이 그 사진을 받아들였다. "프란치스코 교황이라면 그런 옷도 입을 법하지"라는 생각이 들 만큼 자연스러웠기 때문이다. 하지만 그 사진은 생성형 AI로 만들어 낸 합성 이미지였다. 같은 해 5월에는 펜타곤 근처 폭발 장면을 묘사한 이미지가 트위터(X)를 통해 퍼져나갔다. 이 이미지는 뉴스 매체로까지 이어져 주식 시장까지 영향을 미쳤다. 단 몇 분 만에 진짜처럼 보이는 한 장의 이미지가 사회·경제적 파장을 낳은 것이다. 이제 진짜와 가짜를 구분하기 어려울 정도로 정밀하게 조작된 이미지가 우리의 눈을 전형적인 평균의 모습으로 끌어당기는 역설적인 상황이 벌어지고 있다.

AI 생성 이미지는 이제 높은 완성도를 보이며 모든 상황을 조화롭게 연출한다. 이 이미지는 사람들이 '좋다, 예쁘다, 진짜 같다'라고 느낀 시각적 특징의 통계적 평균을 바탕으로 합성하기 때문에 '완벽한 평균'이 우리가 인지하지 못한 이미지 편향의 시작점이 될 수 있다. 예컨대 "한국인 여성의 초상화를 만들어 줘"라는 지시를 생성형 AI에게 요청한다고 가정해 보자. 생성 결과로 볼 수 있는 이미지는 우리 사회의 다양한 얼굴 중 한 명의 모습이 아닐 것이다. 사람들이 좋아하는 인상, 필터로 보정된 이미지 데이터 등 온라인 네트워크에서 자주 등장한 얼굴들의 특징이 모두 고려되었지만, 이러한 이미지는 현실에 존재하지 않는다. 이러한 얼굴이 어딘가 익숙하고 설득력 있게 느껴질 수는 있다. 하지만 그 얼굴의 생김새는 결국 특정 문화, 성별, 인종의 기준을 편향적으로 반영한 전형성의 한 부분이다.

이같이 표준화된 미감은 특히 얼굴 표현에서 극적으로 드러난다. 2019년 《뉴요커(The New Yorker)》는 이른바 '인스타그램 얼굴(Instagram Face)' 현상을 지적했다(Tolentino, 2019). 모공이 없는 매끈한 피부, 높은 광대가 포인트 되는 인상, 도톰한 입술, 길게 뻗는 눈매 등 특정 외모 기준이 전 세계적으로 퍼졌다. 이 유행의 중심에는 SNS의 필터, 보정 앱, 그리고 성형 문화가 결합되어 있다. 디지털 이미지에서 시작된 미적 기준이 사회적 욕망으로 바뀌고, 다시 실제 얼굴을 바꾸는 성형 수술로 이어지면서 디지털 미감이 욕망으로 작용해 현실의 모습을 실제로 변형하게 된다. 그리고 이렇게 변형된 현실의 얼굴을 기반으로 만들어진 필터 혹은 이러한 이미지를 학습한 AI 모델이 새로운 미적 기준을 다시 설정한다. 2023년 틱톡의 '볼드 글래머(Bold Glamour)' 필터는 우리의 미적 기준의 경계가 얼마나 흐려졌는지 상징적으로 보여 준다. 딥러닝 기반 AR 기술을 이용해 피부 결, 얼굴 윤곽, 빛의 음영을 실시간으로 재합성하는 이 필터는 '티 나지 않는 완벽함'을 구현해 화면 속의 나와 실제의 나를 거의 구분할 수 없을 정도로 만든다. 그러나 '화면 속의 나'가 더 정제되고 매력적으로 보일수록, 사용자들은 '현실의 나'와의 간극을 더 선명하게 체감한다. 여러 조사 결과에 따르면 청소년 이용자들은 이 '간극'에서 불안과 열등감을 느끼게 되었다고 파악되었는데, 이와 같은 논란이 커지자 틱톡은 미용 필터, 특히 외모를 크게 변형하는 필터에 대한 청소년 사용 제한 정책을 단계적으로 도입하겠다고 발표하기도 했다.

감각은 즉각적인 반응이고, 지각은 맥락과 구조, 의도를 함께 읽어 하나의 의미로 구성하는 작용이다. 오늘 우리의 감각 층위인 "예쁘다, 좋다"라고 반응하는 취향은 점점 더 AI에게 공유된 정보에 의해 길들여지고 있다. 이미지 생산의 과정에서 내가 정말 보여 주고 싶은 것보다 플랫폼이 좋아할 것 같은 이미지를 먼저 떠올리는 순간, 우리는 이미지 생산의 주체가 아니라 플랫폼을 위한 노동자가 된다.

표준화된 미감으로부터 이미지의 정체성을 판단하기 위해서 중요한 것은 '진짜 사진 이미지'와 '가짜 AI 생성 이미지'를 이분법적으로 구분하는 일이 아니다. 오히려 인스타그램 피드, 미용 필터, 생성 이미지를 하나의 연속체로 읽는 눈이 필요하다. 생성형 AI 시대에 이미지의 정체성은 플랫폼에 누적된 취향의 평균값이 강력하게 작동한 결과물이라는 점을 기억해 두자. 그리고 이것을 비판적으로 읽어 내 그 이면에 있는 다른 감각을 회복하려는 노력이 필요하다.

참고문헌

Baudrillard, J.(1994). *Simulacra and simulation*. In Glaser, S. F.(trans.). University of Michigan Press. 하태환 옮김(2001). 《시뮬라시옹》. 민음사.

Benjamin, W.(2008). The work of art in the age of its technological reproducibility. In Jennings, M. W. et al.(eds.). *The work of art in the age of its technological reproducibility, and other writings on media*, pp.19~42. Belknap Press. 심철민 옮김(2017). 《기술적 복제시대의 예술작품》. b.

Castells, M. (2010). *The rise of the network society (2nd ed., with a new preface)*. Wiley-Blackwell.

Manovich, L.(2019). The aesthetic society: Instagram as a life form. (Unpublished online manuscript). https://www.academia.edu/41332065/The_Aesthetic_Society_Instagram_as_a_Life_Form

Plato(2004). *Republic*. In Reeve, C. D. C.(trans.). Hackett. 박종현 옮김(2005). 《국가·정체》. 서광사.

Tolentino, J.(2019.12.12). The age of Instagram face. The New Yorker. https://www.newyorker.com/culture/decade-in-review/the-age-of-instagram-face

05
AI 시대, 이미지를 읽는 방법

이 장에서는 시각 문해력의 개념과 의미를 본격적으로 탐색한다. AI 시대 이미지를 읽는다는 것은 이미지가 생성, 수용, 유통되는 과정 속에서 생겨나는 의미 증폭을 비판적으로 다루는 역량을 말한다. 정보 커뮤니케이션의 중심이 텍스트에서 이미지로 이동했다. 시각 문해력은 이러한 배경 안에서 어떤 역할을 할 수 있을까.

AI 콘텐츠 크리에이터?

시각 문해력의 개념

문해력(literacy)이라는 개념은 문자가 나타나기 이전부터 존재했다. 문자 체계가 없던 시기 벽화나 상징물은 집단의 기억을 저장하고 공유하는 커뮤니케이션 매체였다. 그런 점에서 문해력은 애초부터 기호를 언어의 소리나 의미를 나타내는 표시로 바꾸고 이것을 해독하는 능력을 뜻했다. BC 1만 5000년경 프랑스 남서부 라스코 동굴 벽화에 나타난 동물과 사냥 장면은 구석기인들이 사냥이나 의례 또는 신화적 세계를 시각적 기호로 표현한 대표적인 예다. 메소포타미아 지역에서는 점토 토큰과 기호를 결합해 수량, 재산, 거래량을 기록하는 체계를 발전시켰고 이는 BC 3500년경부터 사용된 수메르 설형문자의 기원이 되었다. BC 3000년경 나일강 유역의 이집트 상형문자와 BC 1100년경 중국 상(商) 왕조의 갑골문 역시 국가의 회계, 법, 정치, 종교 등을 관리하는 문자 체계로 기능했다. 이렇게 시각 기호는 문자라는 형태로 체계화하면서 역사를 관통해 정보를 저장, 관리, 전파하는 핵심 기능을 하게 된 것이다.

하지만 오늘날 커뮤니케이션의 매개체는 문자에서 다시 이미지로 돌아가는 듯하다. 디지털 환경에서는 문자 중심의 선형적 커뮤니케이션 모델 위에 이모지, 밈과 같은 시각적 자원이 핵심적인 의미 구성 요소로 작동한다. 때때로 이미지만으로 많은 것을 포괄하는 의사소통이 가능할 수 있다. 하지만 이미지 없이 문자만으로 커뮤니케이션할 때는 의사소통의 양상이 다르게 작동하기도 한다. 예컨대 이모지는 의미 · 감정 · 관계 신호를 시각적으로 부호화하는 그래픽 운율이며(Alnuzaili et al., 2024), 인터넷 밈은 단순한 유행 이미지가 아니라 사회 · 정치 담론을 압축하는 시각적 수사학이자 디지털 세대의 집단 감정과 세계관을 담는 그릇으로 기능한다(Petrova, 2021; Huang, 2024). 오늘날 이모지나 밈은 단순한 장식적 요소가 아니라 감정과 태도, 더 나아가 세대의 정체성과 문화적 맥락을 압축적으로 표현하는 시각언어가 되었다. 그리고 이러한 변화는 인간 커뮤니케이션이 원래 비언어적이고 이미지적 단서에 깊이 의존해 왔다는 점을 다시 한번 상기시킨다.

이와 같은 환경 변화 가운데 다시 주목받는 키워드가 시각 문해력(visual literacy)이다. 존 데비스(John L. Debes)는 시각 문해력을 "보는 동시에 다른 감각 경험을 통합함으로써 발달하는 시각 능력의 집합"으로 정의했다(Debes, 1969). 미국 대학 · 연구도서관협회(Association of College and Research Libraries)는 시각 문해력을

"이미지와 시각 매체를 효과적으로 찾고, 해석하고, 평가하고, 사용하며, 창조하는 능력의 집합"으로 정리했다(ACRL, 2011). 문해력이 부족하면 일상에서 의사소통과 정보 습득에 어려움을 겪듯, 시각 문해력 역시 현대 사회에서 이미지를 통해 새로운 지식과 정보를 파악하는 데 중요한 기초 역량이 되었다. 하지만 시각 문해력을 좁게 이해해 이미지를 '읽고 해석하고 표현하는 능력' 정도로 규정한다면 오늘날의 시각 환경을 설명하기 어렵다. 현대적 의미의 시각 문해력은 궁극적으로 이미지와 함께 아는 능력(knowing with images)을 향상하는 일이며 축적된 시각 경험과 개념을 바탕으로 이미지를 생각의 파트너로 삼는 능력을 말한다.

AI 시대, 시각 문해력의 의미

이미지란 심미적 창조 대상이고 동시에 정보이기도 하다. 이미지가 정보의 기능을 하지만 수많은 정보의 집합이 이미지를 형성하기도 한다. AI 생성 이미지 역시 방대한 데이터의 상호작용으로 만들어진 통계적 산물이라고 할 수 있다. 오늘날 이미지의 표면은 다양한 형태로 보이는데 이 데이터 덩어리가 쏟아내는 수많은 출력 결과 가운데 출처와 맥락, 신호와 잡음을 분별해 내는 것이 그 어느 때보다 어려워지고 있다. 왜냐하면 디지털 환경 속 하나의 이미지는 생성부터 유통, 소비되는 각각의 단계에서 의미가 계속해서 증식하기 때문이다. 예를 들어 물리적으로 존재하는 현실에서 촬영된 한 장의 사진을 플랫폼에 업로드할 때 순수하게 포착된 상태로 올라가는 경우는 많지 않다. 잘라내거나 필터를 덧씌우고 해시태그(hashtag)와 같은 캡션을 달아 의미를 증폭시킨다. 그리고 댓글과 공유, 재공유의 과정이 덧붙여지면서 또 다른 맥락의 메시지가 탄생한다. 그 결과 처음에 여행 기록의 목적으로 공유된 사진이 특정한 편집 방식이나 댓글의 농담과 엉키면서 전혀 다른 정치적 혹은 상업적 의미를 갖게 될 수 있다. 이와 같이 이미지의 의미가 여러 층위에서 증식될수록 우리는 무엇을 믿고 어떻게 행동할지 결정하기가 더 어려워진다. 이와 같은 이미지의 한가운데서 우리의 눈은 가상과 현실의 경계를 식별하고 이미지가 가지는 맥락을 알아채는 분별력과 안목이 필요하다.

AI가 견인하는 정보화는 예측과 분석의 효율을 엄청난 속도로 높이고 있다. 하지만 역설적으로 더 방대한 범위에서 불확실성과 모호함을 확산하고 있다. 왜냐하면 데이터 조합의 결과로 제시되는 가장 그럴듯한 답이 언제나 최선의 선택이거나 진실이 아닐 수 있기 때문이다. 예컨대 정교하게 합성된 딥페이크(deepfake) 이미지는 사실성에 가까운 모습이 극대화되어 있지만 바로 그 때문에 진위성과 초상권에 대한 책임 소재의 문제가 수면 위로 올라왔다. 진짜 같은 가짜의 모습, 만들어지고 조작된 가짜 이미지는 정답을 단정하지 못하도록 판단력에 영향을 준다. 우리에게 필요한 것은 검증되지 않는 가능성을 비판적으로 인식하는 판단력과 인문학적 상상력이다. 시각 문해력은 이러한 상상력과 결합된 비판적 사고와 표현을 통해 실천 가능한 변화를 설계하는 의지를 불러일으킨다. 그렇다면 이러한 변화는 구체적으로 어떠한 시각적 전환을 가져올까.

시각적 전환과 읽기 방식

우리 사회에서 시각적 전환(visual turn)은 커뮤니케이션의 무게 중심이 텍스트에서 이미지로 이동한 변화를 가리킨다. 이러한 흐름을 가장 강하게 체험할 수 있는 매체가 소셜 미디어다. 인스타그램, 틱톡, 핀터레스트와 같은 플랫폼은 처음부터 이미지나 짧은 영상을 보여 주기 위한 목적으로 설계되었다. 화면에는 사진이나 영상이 중심이 되고 캡션이나 해시태그와 같은 텍스트 메시지는 보조적인 수단일 뿐이다. 여기에서 쏟아지는 이미지의 양은 어마어마하다. 인스타그램은 30억 명 이상의 사용자(2025년 9월 기준 MAU)를 보유하고 있고 각 계정이 하루 업로드하는 이미지의 수를 정확하게 산출하는 것은 불가능해 보인다. 그런데 문제는 이미지의 양이 아니라 이미지가 지니는 역할이다. 평균적으로 10대 후반에서 20대 후반까지 젊은 세대들은 이러한 플랫폼에서 취향을 공유하고 정서적 관계 맺기를 학습한다. 다시 말해 플랫폼에서 학습된 이미지를 이해하고 다루는 능력이 곧 현대식 읽기 능력의 기준이 되는 것이다.

디지털 환경에서 화면 속 시각 정보는 아이코노텍스트(iconotext)라는 복합적인 읽기 단위로 나타난다. 이미지에는 자막이나 배경음뿐만 아니라 섬네일에 붙어있는 해시태그, 인터랙션 패턴이나 알고리즘이 정한 노출 순서까지 포함되어 있다. 이와 같은 개념은 이미지와 텍스트가 나란히 배치된 상태가 아니라 서로의 의미를 구성, 보완하거나 변형할 수 있음을 의미하고 이 모든 요소가 하나의 통합된 읽기 단위로 작동하는 것을 전제한다. 글과 그림은 각각 독립된 메시지를 전달하지 않고 전체로 해석되어 하나의 의미로 드러난다(Mitchell, 1986/2005).

이제 보는 방식은 이전보다 훨씬 복합적인 방식으로 바뀌었고 시각 문해력이 읽기에서 평가와 수용이라는 연속된 과정을 멀티 모달(multimodal)의 맥락에서 수행하는 역량으로 확장되었다. 다양한 데이터를 통합적으로 읽기 위해서는 형식과 내용이라는 두 개의 층위를 동시에 해석할 수 있어야 한다. 예를 들어 수직 프레임의 숏폼 영상에서 화면 중앙에 배치된 인물, 텍스트 오버레이, 그리고 색의 구성, 구도, 타이포그래피와 같은 디자인적 요소까지 구조적 요소를 읽고 판단해 내야 한다. 또한 영상의 재생 속도나 점프 컷 혹은 배경 음악과 같은 요소가 메시지를 어떻게 증폭시키는지 판단하는 것 또한 필요하다. 필터를 이용해 보정된 이미지가 원본성을 어떻게 왜곡시키는지도 이미지에서 읽어 내야 하는 요소다. 한편, 읽기 과정 이후 수행되는 평가는 이미지가 어떠한 목적을 가졌는지 그리고 어떠한 경로로 배포되고 있는지 맥락을 검증하는 일이다. 한 장의 섬네일이 과장된 표정이나 자극적인 문구로 클릭을 유도할 수 있다. 섬네일은 본문의 내용과 연관성이 있는 것인가, 혹은 익숙한 인상을 가진 이미지의 반복 노출로 판단력을 흐리고 있지는 않은지도 평가의 대상이다. 이미지 뒤에 숨어 있는 스폰서십, 알고리즘이 특정 유형의 콘텐츠에 관여하고 있는지 확인해 보자.

마지막으로 수용의 과정에서는 읽기와 평가에서 자연스럽게 형성된 비판적 시각을 통해 이미지를 받아들일지를 결정하는 것이다. 출처와 맥락이 충분하면 조건부로 수용하되, 핵심 메타데이터가 비어 있거나 상충된 정보가 감지되면 보류해 두었다가 추가 근거를 찾는다. 명백한 왜곡이나 자동 생성된 이미지 구도가 확인되면 기각한다. 이미지 수용 여부를 "맞다, 틀리다"의 이분법적 판단보다 "이 이미지를 지금 내 판단과 행동에 어느 정도로 허용할 것인가"를 주체적으로 결정하는 것이다.

왜 지금, 시각 문해력인가

시각적 정보는 언어적 정보보다 더 빠르고 즉각적으로 인식되고 처리된다. 따라서 우리의 뇌는 이미지에 먼저 반응하고, 그 반응은 판단에 영향을 준다. 알고리즘은 이 반응을 분석해 더 많은 이미지를 추천하고, AI는 존재하지 않는 사람과 상황도 극도로 사실적인 모습으로 재현한다. 한 번 강렬한 인상을 남긴 이미지는 이후 유사한 이미지가 줄줄이 따라붙는 알고리즘의 연쇄 작용을 통해서 우리 감각을 점점 더 일정한 방향으로 길들인다. 이때 우리가 갖춰야 할 첫 번째 방어막이 바로 시각 문해력이다.

디지털 기술과 네트워크의 보급은 인쇄 중심의 선형적 · 물질적 커뮤니케이션을 상호작용적, 비물질적, 비선형적인 '디지털 정보'로 전환시켰다. 매클루언(Herbert Marshall McLuhan)이 말한 "매체가 곧 메시지(The Medium is the Message)"라는 명제처럼, 매체 환경 자체가 의미 생산 방식과 사고 구조를 바꾸어 놓는다(McLuhan, 1964/2002). 인쇄 매체에서 전자 매체로의 전환은 즉각성, 되감기와 재생이 가능한 가역성, 무한 재생, 사용자 관점(POV) 시뮬레이션 같은 특성을 의미 생산의 기본 조건으로 만들었다. 변화된 매체 환경 속에서는 서로 다른 메시지들이 같은 시스템 안에서 상호작용하며 유통된다. 이 때문에 뉴스, 교육, 오락의 코드가 서로 차용하고 서로 다른 메시지들이 뒤섞여 의미 작동의 맥락 자체가 재편된다. 이렇게 만들어진 새로운 상징 환경에서는 현실이 전면적으로 매개되는 환경 속에 매몰된 '현실 가상(real virtuality)'의 세계를 만든다(Castells, 2010).

AI와 알고리즘은 예측, 개인화, 자동 생성이라는 층위를 더해 우리가 이미지를 언제 어떤 순서로 보게 될지를 설계한다. 그 결과 이미지 창작자의 역할은 완성물을 만드는 제작자에서 정보 구조와 내비게이션을 설계하는 '경험 편집자'로 재정의된다. 또한 사용자는 수동적 소비 방식에서 벗어나 의미를 함께 구성하는 '공동 저작자' 역할을 하게 되었다. 오늘의 시각 환경에는 창작자, 사용자, 알고리즘이라는 세 행위자가 이미지 읽기 방식에 동시에 개입한다. 우리는 이미지를 소비하는 수동적 위치에 머무르지 않고, 더 나은 시각 독자이자 이미지 생산자로서 역할을 할 수 있어야 한다.

참고문헌

ACRL(2011). Visual literacy competency standards for higher education. Association of College and Research Libraries. https://www.ala.org/acrl/standards/visualliteracy

Alnuzaili, E. S. et al.(2024). Emojis as graphic equivalents of prosodic features in natural speech: Evidence from computer-mediated discourse of WhatsApp and Facebook. *Cogent Arts & Humanities, 11*(1), 2391646. https://doi.org/10.1080/23311983.2024.2391646

Castells, M. (2010). *The rise of the network society (2nd ed., with a new preface).* Wiley-Blackwell.

Debes, J. L.(1969). The loom of visual literacy. *Audiovisual Instruction, 14*(8), pp.25~27.

Huang, X. et al. (2024). The rise of cross-language internet memes: A social semiotic analysis. *Signs and Society, 12*(2), pp.125~141. https://doi.org/10.1086/729125

McLuhan, M.(1964). *Understanding media: The extensions of man*. MIT Press. 김성기·이한우 옮김(2002). 《미디어의 이해: 인간의 확장》. 민음사.
Mitchell, W. J. T.(1986). *Iconology: Image, text, ideology*. University of Chicago Press. 임산 옮김(2005). 《아이코놀로지》. 시지락.
Petrova, Y.(2021). Meme language, its impact on digital culture and collective thinking. *E3S Web of Conferences, 273*, 11026. https://doi.org/10.1051/e3sconf/202127311026
Wagner, P.(1995). *Icons, texts, iconotexts: Essays on ekphrasis and intermediality*. Walter de Gruyter.

06
AI 시대, 눈의 문해력 훈련

이 장은 AI 생성 이미지를 판별하기 위한 문해력 훈련을 강조한다. 첫 번째 훈련은 회화 · 사진 · AI 이미지의 표면에서 나타나는 흔적을 구분해 읽는 힘을 기르는 방법이다. 두 번째는 이미지를 만든 사람과 소비하는 사람이 만들어 내는 관계망 속 '맥락 감각'을 발견하는 훈련이다. "무엇이 보이는가"에서 "이미지의 표면이 무엇을 가리키고 있는가"로 판단의 관점을 바꿔보자.

AI와 민주주의?

공유된 배경 지식 익히기

글을 읽을 때 그 시대의 문화를 어느 정도 알고 있어야 의미의 층위를 제대로 파악할 수 있다. 마찬가지로 새로운 이미지를 보았을 때 그것이 기존 코드와 어떤 관계를 맺고 무엇을 인용 혹은 변형했는지 읽어 낼 수 있어야 한다. 이러한 시각 문해력은 우리가 축적해 온 시각 문화 안에서 공유된 배경 지식을 전제로 작동한다. 예컨대 르네상스식 원근법, 프로파간다 포스터의 상투적인 구도, 밈이 반복되는 포맷, 인스타그래머블(instagrammable) 사진에서 자주 보이는 포즈와 색감은 모두 동시대 사람들이 공유하는 시각 문법이라고 할 수 있다.

이미지는 간단한 그림 문자에서부터 일러스트레이션, 사진, 디지털 그래픽을 모두 포괄한다. 초기 인쇄물 속 이미지는 검은 잉크로 찍은 단순한 형상에 가까웠다. 하지만 이미지를 만드는 기술이 폭발적으로 발전하면서 이미지의 스펙트럼 또한 급속도로 증식했다. 이 모든 이미지 뒤에는 시각 구문론(visual syntax)이 있는데 이미지에 응집력과 질서를 부여하는 요소의 배열 방식을 바탕으로 한다. 예를 들어 몇 개의 선으로 이루어진 단순한 기호라도 최소한의 그래픽 수단을 활용해 대상의 본질을 포착할 수 있게 돕는다. 윤곽을 드로잉한 그림은 외곽

선만으로 대상의 구조를 알아차릴 수 있게 한다. 조금 더 구체적인 형상으로 표현해 보자. 망점으로 이루어진 톤의 단계를 구성하는 인쇄물은 점들의 집합이 하나의 명암과 색조로 읽혀질 수 있도록 한다. 이 연속된 점의 집합이 정교해지면 풍부한 톤과 색감을 통해 현실과 가까운 이미지로 대상의 질감과 입체감을 재현해 낸다.

이미지의 창작은 표현되는 매체에 따라 표면의 흔적이 구분된다. 첫 번째로 회화를 살펴보자. 회화는 손을 통해 만들어진 재료의 흔적을 표면에 남기는 대표적인 매체다. 중세 시대 회화는 상징과 의례를 위한 그림이었다. 여러 시점을 한 화면에 포개어 인물을 도상화(圖像化)하고 상징성과 표식의 위계가 강조되었다. 화면을 채운 선과 면으로 평면적 표현 방식이 구조화되고 색의 질감이 만들어 내는 형식적 미학이 중세 회화의 분위기를 만든다. 르네상스 회화에서는 원근법과 명암법이 도입되어 화면 속 공간과 입체감 있는 인물이나 육체가 설득력 있게 드러나는 표현 방식이 생겨났다. 평면 위에 깊이와 질감이 드러나 보는 사람이 화면 안으로 들어갈 수 있을 것 같은 인상을 준다. 후기 인상주의에서는 빛의 떨림과 감정을 두꺼운 물감 터치와 색의 대비로 이미지를 형식화한다. 20세기로 넘어와 생겨난 여러 사조(思潮)의 갈

래들은 사물을 분해하거나 이질적 대상들을 조합해 현실의 논리를 비틀어 표현한 이미지를 만들었다(Meggs & Purvis, 2006). 이같이 축적된 이미지 창작의 역사 속에서 오늘날 시각 문화가 계승되고 있다. 회화라는 매체가 보여 주는 리듬, 질감 혹은 시각적 조형성에 대한 감각은 이러한 역사성을 배경으로 형성된 것이다.

회화의 캔버스 표면에 남아 있는 물감 안료의 두께, 붓자국이 남긴 방향과 질감 등은 작가가 표현하고자 하는 양식을 남기는데 이것이 회화 고유의 단서이기도 하다. 반면, 사진은 회화와는 다소 다른 방식으로 이미지를 생산한다. 빛이 렌즈를 통과해 필름이나 센서에 남긴 흔적을 우리는 사진이라고 부른다. 19세기 사진이 발명된 이후 사실적 모방의 가장 큰 부분을 사진이라는 이미지가 대신하기 시작했다. 이 때문에 회화가 감각과 의미를 재해석하는 매체로 역할을 했던 반면 사진은 현실을 포착하는 매체로 초상, 보도, 기록 등을 위한 역할을 하게 된다. 사진 이미지를 우리가 인식할 때 가장 먼저 확인할 수 있는 단서는 피사계 심도, 입자와 노이즈, 셔터 속도가 남긴 잔상 등 물리적 지표들이다. 초점이 맞춰지는 심도의 범위가 어디까지 닿아있는지에 따라 화면에 남은 입자의 밀도와 흔들림이 특유의 이미지 표면을 만든다.

사진에서 보이는 것은 광학 기술과 기계 조작의 흔적이다. 프레이밍과 노출, 현상과 보정 과정에서의 선택에 따라 같은 장면도 전혀 다른 이미지로 포착된다. 그래서 사진은 '재현의 정점'으로 보이지만 실제로 여러 단계의 선택을 통해 해석의 범위가 어떻게 달라지는지를 보여주는 상징적인 매체이기도 하다.

그런데 오늘날 AI 생성 이미지는 새로운 종류의 표면을 남긴다. AI 이미지는 개연성이 높은 픽셀 배열을 합성한 결과물이기 때문에 통계적으로 가장 적합한 표면을 만들어 내는 생성 경향이 반영되어 몇 가지 특징적인 단서를 남긴다. 첫째, 질감이 과도하게 균질한 경우가 많다. 특정 재질에서만 느껴져야 할 질감이 화면 전체로 퍼져 있거나, 필요 이상으로 매끈한 표면과 반복되는 노이즈가 나타난다. 둘째, 광학적 위상이 어딘가 어긋난다. 빛의 방향과 강도, 반사와 그림자의 형태, 하이라이트의 위치가 장면의 실제 구조와 미묘하게 맞지 않거나, 피사계 심도가 객체마다 제각각 적용되어 어딘가 부자연스럽다. 셋째, 문자가 왜곡된다. 간판이나 책 표지의 글자가 정확히 읽히지 않고, 비슷하지만 의미 없는 가짜 글자처럼 보이는 경우가 많다. 반복해서 보다 보면 과도한 선명도, 극적인 조명, 지나치게 매끈한 피부, 어디선가 본

듯한 구도와 색감 같은, AI 이미지 특유의 '계산된 매너리즘'도 눈에 들어오기 시작한다. 회화의 표면에는 손과 재료의 시간, 사진의 표면에는 빛과 장치의 법칙이 남아 있다. 하지만 AI 생성 이미지의 표면에는 데이터 통계와 합성 규칙이 배어 있다. 따라서 AI 시대 눈의 문해력을 기르기 위한 가장 중요한 훈련은 "무엇이 그려져 있는가?"에서 멈추지 않고, 이 이미지 표면에는 어떤 흔적이 남아 있는지 의식적으로 판단할 수 있는 연습을 필요로 한다.

이미지의 맥락 감각 익히기

같은 이미지라도 소비되고 유통되는 상황에 따라 의미가 달라질 수 있다. 예를 들어 거리의 정치 집회 사진이 현장 노동자의 SNS 피드에 있을 때는 현장을 포착한 증언이 된다. 하지만 이 사진이 기업의 캠페인에 재가공되어 사용된다면 브랜드 이미지를 포장하는 도구가 될 수 있고, 전시장 한 가운데 걸리게 되면 예술 작품으로 소비될 수도 있다. 이렇게 이미지의 생산자와 유통되는 채널, 그리고 관람자 혹은 소비자가 달라질 때마다 이미지의 의미와 신뢰도는 함께 변한다. 이미지의 사회적, 문화적 공유 배경이 달라질 때 생겨나는 여러 층위를 읽어 내는 능력, 이것이 바로 맥락 감각이다.

맥락 감각을 기른다는 것은 어떠한 배경 지식을 많이 알고 있는 것으로 끝나지 않는다. 예컨대 어떤 이미지가 내 눈앞에 도달하기까지의 경로를 파악하고 그 이미지를 바라보는 자신이 특정한 편향으로 치우치지 않는지를 의식적으로 판단하는 힘이다. 인간의 커뮤니케이션은 본질적으로 주관적이고 표현적이기 때문에 이미지로 소통할 때 생겨나는 미학적 층위는 메시지의 발신자와 수신자 사이에서 오가는 뉘앙스에 따라 미묘한 해석의 여지를 남긴다. 따라서 AI 시대 맥락 감각은 이미지의 정보 전달 여부를 판단하는 것뿐만 아니라 이미지가 현실을 포착한 것인지, 수집된 데이터를 바탕으로 예측되고 생성된 것인지를 구분하는 통찰이다. 사진이 카메라를 통해 실제 장면의 빛을 기록한 결과물이라면 AI 생성 이미지는 누적된 이미지의 맥락에서 추측한 결과를 픽셀 안에 채워 넣은 결과물이다. 우리는 이미지를 볼 때마다 현장을 담은 증거인지, 집합적 개념으로 만들어진 그럴듯한 표면인지 혹은 이 둘이 섞인 합성물의 결과인지를 판단하는 연습이 필요하다.

또 하나 중요한 훈련은 알고리즘이 길러온 나의 취향을 의식화하는 것이다. 우리는 생성형 AI를 쓰기 훨씬 전부터, SNS의 추천 피드, 인기 게시물, 미용 필터, 자동 보정 기능을 통해 꾸준히 시각적 취향을 훈련받아 왔다. 이제 스스로에게 이렇게 물어야 한다. "이 알고리즘은 어떤 얼굴과 몸, 어떤 색과 조명, 어떤 인테리어와 구도를 좋아하도록 나를 가르쳐 왔는가?" 이 질문을 통해 알고리즘이 내 취향에 새겨 놓은 규범을 읽어 내는 것 자체가 맥락 감각을 확장하는 일이다.

이미지는 항상 누군가를 향해 만들어지고, 그 누군가는 각기 다른 경험, 배경, 읽기 방식을 가지고 있다. 어떤 사람은 패션 부티크의 쇼윈도에 걸린 새 옷에 먼저 시선이 가고, 또 다른 사람은 쇼윈도 밖 길가의 강아지에게 눈이 머문다. 같은 잡지 기사를 읽더라도 사람마다 주목하는 구절과 기억에 남는 대목은 다르다. 개인적인 경험은 태도와 사고방식을 형성하고, 다양한 집단과 계층으로 이루어진 다원적 사회를 만든다. 경제적 계층, 종교·사회적 배경, 또래 집단 등은 각자의 집단을 만들고 그 집단은 서로 다른 이미지의 스타일에 반응하고 더 나아가 어떤 스타일은 특정 집단의 정체성을 드러내는 시각적 지표가 되기도 한다.

밀턴 글레이저는 디자인이 자기표현에서 출발하기보다 청중(audience)에서 시작해야 한다고 강조한다. "누구에게 말하는지 모르면 아무에게도 말할 수 없다"는 그의 말처럼, 디자인은 수용자가 이미 공유하고 있는 시각적 어휘와 관습을 전제로 작동하며, 그만큼 청중 혹은 사용자에 대한 이해와 시각 문해력 수준이 디자인의 출발점이 된다(Metropolis, 2003; Quito, 2020). 이와 관련해 실비아 해리스가 필립 멕스와의 대화에서 소개한 일화는 잘 알려진 사례다. 미국 디자인 전공 학생들이 네팔 농촌 마을 주민에게 파리의 위생 위험을 알리기 위해 길이 약 36인치(90cm)의 초대형 파리 그림이 들어간 포스터를 제작했다. 그러나 주민들은 "우리 동네 파리는 저렇게 크지 않다"며 이 이미지를 우스꽝스러운 그림으로만 받아들였고, 결과적으로 파리가 음식에 세균을 옮긴다는 위생 경고 메시지는 행동 변화로 이어지지 못했다(Meggs, 1992). 이 사례는 시각 문해력 훈련의 전 단계에서 우리가 반드시 이해해야 할 지점을 보여 준다.

이미지를 읽고 쓰는 법을 배우기 이전에 "이미지를 누가, 어떻게 받아들이는지"에 대한 이해가 먼저 선행되어야 한다. 시각 이미지의 보편성이라는 전제가 수용자의 시각 문해력과 문화적 맥락을 고려하지 않는다면 심각한 커뮤니케이션 실패를 초래할 수 있기 때문이다. 결국 AI 시대 시각 문해력은 두 가지 역량을 동시에 요구한다. 하나는 이미지의 표면에서 물리적 흔적과 데이터 합성의 흔적을 구분해 읽어 내는 힘이고 다른 하나는 이미지가 생산, 유통, 소비되는 과정을 추적하고 판단할 수 있는 맥락 감각이다. 이제 우리는 기술적으로 혹은 시각적으로 정교한 이미지가 반드시 신뢰할 수 있는 것이 아니라는 사실을 알게 되었다. 이미지의 표면에 속지 않고 무너진 우리의 감각을 다시 가다듬는 훈련을 시작해 보자.

참고문헌

Glaser, M.(2000). *Art is work: Graphic design, interiors, objects and illustration*. Thames & Hudson.

Meggs, P. B.(1992). *Type and image: The language of graphic design*. Wiley.

Meggs, P. B. & Purvis, A. W.(2006). *Meggs' history of graphic design (4th ed.)*. John Wiley & Sons. 황인화 옮김(2002). 《그래픽 디자인의 역사》. 미진사.

Metropolis(2003.8.1). An interview with Milton Glaser. https://metropolismag.com/programs/an-interview-with-milton-glaser/

Quito, A.(2020.6.29). An interview with Milton Glaser + Walter Bernard. Design Observer. https://designobserver.com/an-interview-with-milton-glaser-walter-bernard/

07
이미지를 쓰는 힘

이 장에서는 시각적 사고와 시각 틀의 개념 이해를 통해 이미지 설계의 메커니즘을 설명한다. 생성형 AI가 이미지 생산의 자동화 도구가 아니라는 점을 인식했을 때 비로소 이미지 생산자는 창작의 주체가 될 수 있다. 두 겹의 쓰기 과정을 통해 이미지 생산의 공동 참여자로 AI 역할을 명시하고 창작자에게 놓인 과제를 함께 확인해 보자.

AI와 애니메이션?

이미지 창작의 전 단계

시각적 사고: 눈으로 읽고 마음으로 보는 것

시각 문해력(visual literacy)의 최종 목적지는 읽기의 기술을 설계의 기술로 전환하는 것에 있다. 말하고 싶은 바를 정확하게 보이게 만드는 창작의 힘, 곧 이미지를 쓰는 힘을 기르는 것이다. 인간의 시각은 인류가 공통으로 가지고 있는 생태학적 지각 방식을 바탕으로 한다. 이 지각 방식은 환경과 몸의 상호작용 속에서 형성되며, 문화의 발전에 따라 다양한 조형 형식과 예술 양식을 낳아 왔다. 사람들은 각자의 경험을 바탕으로 여러 시각적 프레임의 영향을 받으면서도, 다른 문화권의 시각 문화를 받아들일 가능성을 함께 지닌다. 그래서 우리는 지금까지 보고 경험한 것에 애착을 느끼는 동시에, 새로운 시각 경험에도 큰 자극을 받으며, 가능하다면 자신만의 방식으로 새로운 것을 만들어 내려고 끊임없이 시도한다. 이렇게 인간 창작 활동의 기반에는 본다는 행위에서 출발한 시각적 사고의 과정이 관여하고 있다.

심리학 연구에 따르면 시각(vision)은 단순히 외부 자극을 받아들이는 수동적 과정으로만 단정하기 어렵다. 우리가 사물을 '본다'는 것은 눈에 인상을 남기는 것을 말하며 우리 눈을 움직여 대상을 선택하고 그 위에서 개인의 기억이나 신념을 즉각적으로 덧입히는 능동적 탐색 행위를 가리킨다. 이 때문에 시각은 카메라로 장면을 그대로 포착해 재현하는 장치가 아니라 매우 선택적이고 구성적인 인간의 지각 활동이다. 시각은 눈으로 보는 것(eyesight)뿐만 아니라 마음으로 이해하고 해석하는 것(insight)을 포함하는데 이를 시각적 사고(visual thinking)라고 한다.

시각적 사고는 사물과 개념에 대해 말이나 글로 묘사하기 위해 이미지로 떠올리고 조작하는 사고방식을 말한다. 루돌프 아른하임(Rudolf Arnheim)은 인간의 지각과 사고가 본질적으로 "시각적 구조를 조직하는 과정"임을 강조하며, 예술가뿐 아니라 일상적인 판단과 문제 해결에도 시각적 사고가 깊숙이 개입한다고 보았다(Arnheim, 1969/2004). 예를 들어 "새벽빛, 봄 잎사귀의 투명함" 또는 "늦가을 오후 네 시의 빛을 받은 단풍의 색"을 떠올린다고 가정해 보자. 이와 같은 은유적 묘사는 "빨갛다, 노랗다"라는 말보다 훨씬 더 촘촘한 시각 요소의 묶음으로 기억을 소환할 수 있다. 그 시간 혹은 공간에서 느껴지는 색의 명도와 채도 그리고 공기의 질감 등이 집합적으로 떠오른다. 노란색에 대한 언어의 표현은

"샛노랗다" 정도로 구체화하거나 은유적 수식어를 통해 묘사할 수 있지만 눈으로 판단된 색의 변화나 특성은 그보다 훨씬 미세한 감각으로 구분된다.

감각은 인간의 여러 신체 기관을 통해 빛, 소리, 온도 등 물리적 자극을 받아들일 때 생기는 세부 반응을 가리킨다. 이와 대조적으로 지각은 각각의 자극을 하나의 대상으로 통합해 파악하는 전체적인 인식 과정을 뜻한다. 감각이 작은 자극에 대한 민감성이라면 지각은 대상의 전체 관계에 대한 포괄적 감수성을 말한다. 시각 문해력은 이렇게 감각과 지각의 층위에서 이미지를 다루는 능력이다.

시각 틀: 무엇을 보게 할 것인가?

시각 문해력을 강화하기 위한 핵심 기초 중 하나는 눈으로 보는 행위 자체가 이미 '생각'이라는 활동을 전제로 한다는 이해에서 출발한다. 지각은 단순한 정보 입력이 아니라 선택 · 조직 · 추상 · 수정이 동시에 일어나는 지적인 활동으로 보아야 한다. 우리가 물체를 '그대로 복사'해서 보는 것이 아니라, 그 안에서 구조를 뽑아내고 단순화하여 시각 형태 개념(visual concepts)으로 받아들이기 때문이다. 둥근 것, 기울어진 것, 무거워 보이는 것, 불안정해 보이는 구도가 모두 이런 형태 개념의 예다. 이때 이미지는 단순한 장식이 아니라, 세계를 구조화하고 판단하는 사고의 매체가 된다. 그래서 아른하임은 "사고는 이미지를 필요로 하고, 이미지는 사고를 품고 있다(Thinking calls for images, and images contain thought)"고 말하며, 언어 이전에 언어 밖에서 작동하는 시각적 사고의 중요성을 강조한다(Arnheim, 1969).

본다-상상한다-묘사한다(seeing-imaging-drawing)의 상호작용은 조형 예술가에게만 필요한 특별한 기술이 아니라 누구나 활용하는 일반적인 사고 도구다. 이때 이미지는 항상 어떤 틀(frame) 안에 제시되는데 이 틀은 단순한 테두리로 규정할 수 있지만 동시에 "무엇을 작품의 세계로 호출하고, 무엇을 배경으로 밀어낼 것인가"를 정하는 인지적 장치이기도 하다. 아른하임은 도형-배경(figure-ground) 관계와 화면의 상 · 하 · 좌 · 우 구성이 지각에 미치는 심리적 효과를 분석하며, 시각 틀이 어디에 시선을 집중시키고, 무엇을 주변화하는지를 규정한다고 설명한다(Arnheim, 1974). 시각 틀은 결국 "무엇을 보게 할 것인가"를 정하는 도구다. 에셔(Maurits Cornelis Escher)의 석판화 'Day and Night'(1938)처럼 도형과 바탕을 의도적으로 전복한 그림에서는, 무엇이 앞이고 무엇이 배경인지 끊임없이 뒤집히며 지각의 긴장과 불안정성이 메시지로 활용된다. 이런 사례는 시각 틀이 화면의 경계를 그리고 세계의 일부를 잘라내서 별도의 의미 공간으로 만드는 행위임을 보여 준다.

제임스 깁슨(James Jerome Gibson)의 생태학적 지각 이론에 따르면, 보는 행위는 환경 전체 속에서 몸의 위치와 움직임, 행위 가능성(affordance)을 탐색하는 능동적 과정이다(Gibson, 2014). 시각이 능동적인 정보 취합의 과정이라고 할 때, 시각 틀은 인간의 생태학적 지각 흐름에서 특정 부분만을 보라고 강제화하는 장치라고 할 수 있다. 프레임 안으로 들어온 대상은 '외부 세계에서 분리된 장면'으로 읽히기 때문에 곧바로 시선과 권력의 문제로 이어지고 의미 해석에도 영향을 미친다. 시각 틀의 설정은 창작자가 이미지를 만들 때 무엇이 드러나고, 어떤 요소가 배경으로 밀려날지를 설계하는 것을 말한다. 이와 같은 전 단계가 수행된 직후 비로소 이미지를 쓰는 작업이 시작된다.

AI와 함께 쓰는 이미지

AI와 이미지 생산자의 역할

생성형 AI는 단순한 '자동 그림 도구'가 아니다. 이미지 생산자는 텍스트 쓰기를 공유하면서 이미지를 함께 만들어가는 파트너로 AI를 선택할 수 있다. AI 알고리즘은 자연 법칙이 아니기 때문에 창작자의 목적과 취향이 반영된 인위적인 규칙에 가깝다. 예를 들어 생성형 AI를 '공동 창작자(co-creator)'이자 '디자인 소재(design material)'로 본다면, AI는 아이디어 발상과 평가 단계에서 디자이너에게 풍부한 시각적 제안을 보여 주고 그 자체가 조작과 가공이 가능한 재료가 된다. 생성된 이미지가 디자인 사고의 범위를 넓히기 위한 단서가 되는 것이다(Yu, 2025). AI가 초기 이미지 창작 단계에서 수행하는 세 가지 역할은 다음과 같다. 첫째, 아이디어를 눈에 보이는 형태로 바꾸는 표상 생성(representation creation), 둘째, 사용자의 정서와 상황을 상상하게 하는 공감 촉발(empathy trigger), 셋째, 탐색 과정을 계속 이어가게 하는 몰입 유지(engagement)다(Liao et al., 2020).

이와 같은 역할 구조에 따르면 AI는 생성한 이미지 제안으로 창작자가 아이디어의 범주와 가능성을 확장하는 데 도움을 준다. 또한 창작자의 탐색 과정에 동력으로 기능할 수도 있다. 프롬프트를 쓰는 과정에서 생산자는 원하는 이미지의 콘셉트와 분위기를 손쉽게 설계할 수 있으며 생성형 AI는 작성된 요청 사항을 해석해 잠재적으로 가능성이 높은 이미지를 생성해 제안한다. 이러한 표상의 생성은 프롬프트 자체가 이미지의 의미 구조와 시각적 방향을 설계하는 쓰기 행위를 대체한다. 이때 AI가 제안하는 이미지는 잠재 사용자와 사용 맥락을 떠올리게 하는 일종의 '공감 촉발 장치'다(Figoli et al., 2022). 다만 어느 지점까지 공감이 확장할지, 어떤 정서에 집중할지는 인간이 방향을 지시해야 한다. 마지막으로 몰입 유지 단계에서 AI의 질문이나 요약, 재구성에 대한 제안은 이미지 생산자에게 자기 답변과 자기 지시(self-answering & self-instruction)를 반복하게 만들어 사고의 고착을 피하도록 한다(Liao et al., 2020; Yu, 2025).

프롬프트와 두 겹의 쓰기 과정

일반적으로 텍스트는 개념적 수준에서 표현의 제약이 있고, 이미지는 상대적으로 해석의 여지가 많다는 한계를 가지고 있다. 그리고 텍스트와 이미지는 모두 선택과 조합의 과정에서 편향으로 수렴할 수 있다는 공통점을 가진다. 이와 같은 특성은 생성형 AI를 통해 제공받은 아이디어가 개인의 창의성에 동력이 될 수 있는 동시에 창의적 결과물의 다양성을 좁히고 유사한 결과물을 확대하는 경향을 가지게 한다. 따라서 이미지 생산자는 AI와의 협업에서 반드시 두 겹의 쓰기 과정에 참여해야 한다 (Doshi & Hauser, 2024).

두 겹의 쓰기 과정 첫 번째는 프롬프트 쓰기다. 이 단계에서 생산자는 머릿속에 떠올린 이미지의 콘셉트, 스타일, 빛의 조도, 구도, 색채, 렌더링 방식 등을 표현하기 위해 시각적 사고를 바탕으로 하는 언어 작업을 수행한다. 이때 중요한 것은 단순한 키워드 나열로 작성되어서는 안 된다는 점이다. 특히 앞서 살펴본 시각 어휘를 활용해 이미지의 구조와 위계, 정서적 요인을 쓰기 과정에 활용해야 한다. 두 번째 단계는 생성된 결과를 읽고, 판단한 후 다시 지시문을 작성하는 과정이다. 1차로 생성된 결과는 그 자체로 온전히 활용하기 어려운 경우가 많다. 이 때문에 이를 평가하고 다시 수정 지시를 작성하는 과정은 매우 중요하다. 생산자는 AI가 제시한 이미지를 반드시 평가하고 그것을 근거로 재생성을 위한 쓰기를 수행해야 한다. 시각 문해력이 복합적으로 요구되는 것으로 무엇이 과장 혹은 누락 되었는지, 어떤 편견과 클리셰(cliché)가 반복되는지 비판적으로 평가한 뒤, 다음 프롬프트에서 "어떤 부분을 버리고, 무엇을 더 강조할 것인지"를 다시 작성해 지시한다. 이미지 생산자는 '글쓰기-이미지 생성'의 반복된 패턴 안에서 AI가 만들어 낸 시각적 결과물을 비판적으로 읽고 선별하며, 다음 프롬프트를 통해 방향을 다시 잡아주는 중재자의 역할을 한다(Yu, 2025).

인간의 시각은 환경과 몸의 상호작용에 뿌리를 둔 생태학적 지각 시스템이다(Gibson, 2014). 또한 눈은 주어진 자극을 수동적으로 받아들이는 것이 아니라 시각적 재료를 창조적으로 조직하는 능동적 기관이다(Arnheim, 1974). 이에 비해 생성형 AI는 많은 양의 데이터에서 통계적 패턴이나 확률 분포를 학습해 예측된 이미지를 합성하는 체계를 활용한다(Feuerriegel et al., 2023). 따라서 생성형 AI가 이미지로 제공하는 아이디어는, 본래 높은 창의성을 요구하지 않는 일반 사용자들에게 신뢰성과 활용성을 제공해 창작이라는 즐거움을 끌어올리는 '창작 보조 장치'라고 볼 수 있다. 이 때문에 결과적으로 생성한 이미지가 창의적으로 보일 수 있지만 집단 전체로 봤을 때는 '새로운 시도와 다양성'이 감소하는 사회적 딜레마가 발생할 수 있음을 경계해야 한다(Doshi & Hauser, 2024). AI 시대에 이미지를 쓰는 힘은 시각 어휘로 이미지의 의미 공간을 설계하고 AI가 제안한 이미지를 비판적으로 재생성하는 반복 과정을 통해 이미지 생산자로의 역할을 스스로 확립하는 것을 의미한다.

참고문헌

Arnheim, R.(1969). *Visual thinking.* University of California Press. 김정오 옮김(2004). 《시각적 사고》. 이화여자대학교출판부.

Arnheim, R.(1974). *Art and visual perception: A psychology of the creative eye (New version).* University of California Press.

Doshi, A. R. & Hauser, O. P.(2024). Generative AI enhances individual creativity but reduces the collective diversity of novel content. *Science advances, 10*(28), adn5290. https://doi.org/10.1126/sciadv.adn5290

Feuerriegel, S. et al.(2023). Generative AI. *Business & Information Systems Engineering, 66*(1), pp.3~15.

Figoli, F. A. et al.(2022). AI in the design process: Training the human-AI collaboration. *Proceedings of the International Conference on Engineering and Product Design Education,* pp.1~6. The Design Society.

Gibson, J. J.(2014). *The ecological approach to visual perception.* Psychology Press. (Original work published 1979)

Liao, J. et al.(2020). A framework of artificial intelligence augmented design support. *Human-Computer Interaction, 35(5-6),* pp.511~544. https://doi.org/10.1080/07370024.2020.1733576

Yu, W. F.(2025). AI as a co-creator and a design material: Transforming the design process. *Design Studies, 97,* 101303. https://doi.org/10.1016/j.destud.2025.101303

08
이미지 생성을 위한 문법

이 장은 생성형 AI와 함께 이미지를 만들 때 필요한 '이미지 생성 문법'을 다룬다. 이미지 생성에 사용되는 프롬프트는 단순한 키워드만으로는 한계가 있다. 우선 목표로 하는 이미지의 구분법에 대한 이해가 필요하다. 또한 시각 어휘를 적확하게 사용할 수 있어야 한다. 이 문법은 AI 생성 이미지의 기초 설계를 위한 실질적인 방법이다.

AI와 인재 채용?

시각적 유창성과 시각 문법

우리가 이야기하는 이미지는 '눈앞에 놓인 구체적인 장면'과 '머릿속 개념적인 구조'를 모두 의미한다. 이때 눈앞에 실재하는 장면을 포착한 이미지를 시각 이미지라고 하고 눈앞에 없어도 기억과 지식 그리고 감정이나 관념을 바탕으로 떠올리는 이미지는 개념 이미지라고 한다. 이와 같은 이미지의 구분 방식을 가장 잘 설명할 수 있는 예시가 바로 어린아이의 그림이다.

아이가 그린 엄마의 얼굴에서는 비례나 명암과 같은 사실성을 따지기 어렵다. 왜냐하면 아이들은 자신이 알고 사랑하는 엄마의 얼굴을 자신이 관찰한 형태를 바탕으로 그대로 옮기기보다 마음속에 축적된 경험과 감정을 바탕으로 그림을 그리기 때문이다. 그래서 아이 그림에서 발견되는 엄마 얼굴의 모양은 실제 엄마가 가진 두상의 생김새가 아니라 아이의 엄마에 대한 감정의 생김새, 즉 개념 이미지라고 할 수 있다. 역사 속에서도 시각 이미지와 개념 이미지를 비교할 수 있는 사례를 쉽게 찾아볼 수 있다. 고대 이집트 벽화에는 여러 시점의 장면이 연속된 방식으로 섞여 있다. 이는 충실하게 상황을 재현한 것이라기보다 기억을 시각적으로 개념화한 방식으로 하나의 이미지 안에 기록성과 상징성이 혼재된 결과다.

동아시아의 산수화에서도 유사한 특징을 확인할 수 있는데 한 화면 안에 여러 시점을 겹쳐 놓음으로써 실제로는 존재하지 않는 관찰 지점을 만든다. 물리적 시점이 아니라 개념적 공간과 정서적 시점을 우선하는 개념 이미지의 경향이 나타나는 것이다. 한편, 르네상스 회화는 원근법과 명암 기법이 정교하게 적용되어 눈에 보이는 세계를 최대한 충실하게 재현하려는 노력이 담겨있다. 하나의 장면이 포착된 상황을 사실적으로 묘사해 인간의 눈이 경험할 수 있는 공간과 구도를 연출한다(Arnheim, 1974).

우리가 무엇을 보고, 무엇을 떠올리며, 어떤 언어로 이미지를 다룰 것인지를 이해하기 위한 시각 문법의 바탕에는 시각적 유창성(visual fluency)이 있다. 시각적 유창성이란 지금 내가 만들고자 하는 이미지가 현실의 실제에 가까운지 혹은 개념적 표현에 가까운지를 인식하는 일이다. 이 구분이 명료할 때 선택할 수 있는 시각 어휘와 문법이 명확해진다.

먼저 시각 어휘를 살펴보자. 디지털 환경에서의 문해력은 글자를 해독하는 기술에 한정하지 않고, 정보를 검색하고 해석하며 평가하고 재구성하는 복합적 역량으로 이해할 수 있는데 시각 문해력 역시 이미지를 읽고, 맥락을 파악하고, 다시 설계해 내는 전 과정을 포괄한다

(Debes, 1969). 이러한 시각적 유창성이 작동하기 위해서는 시각 어휘력을 이해하고 있어야 한다. 시각 어휘력은 화면을 구성하는 기본 요소들을 빠르게 인식하고 활용할 수 있는 능력이다. 글을 읽을 때 어휘가 부족하면 문장을 더듬듯, 시각 어휘가 부족하면 매번 "이 이미지가 왜 불편한지, 어디가 어색한지"를 하나씩 짚어내느라 에너지를 소모하게 된다.

시각 어휘의 중심에는 프레임과 시점을 통해 구조화되는 시각 틀이 있다. 프레임은 화면의 안과 밖을 구분하고, 시점은 우리가 어디에서 무엇을 바라보는지 정한다. 정면인지, 위에서 내려다보는 조감도인지, 가까이 당긴 클로즈업(close up)인지, 멀리서 바라본 롱숏(long shot)인지에 따라 같은 대상을 전혀 다른 것처럼 느끼게 한다. 수평과 수직, 대각선과 중심선이 만들어 내는 긴장과 안정감도 시각 틀의 일부다. 여기에 점과 선, 면, 기하학적 혹은 유기적인 형태, 실루엣, 평면적이고 단순한 아이콘 스타일이나 강한 입체감을 표현한 볼륨이 더해지면 형태의 어휘가 형성된다. 색상, 명도, 채도의 팔레트인지, 강한 보색 대비를 사용한 배색인지, 저채도의 파스텔 톤의 조합인지를 결정하는 색의 체계도 중요한 어휘다. 표면이 거친지 매끈한지, 종이처럼 보이는지 금속처럼 반사되는지와 같은 재질감과 하이(high)키 조명과 로(low)키 조명, 역광과 확산광과 같은 빛의 상태도 각각 어휘로 다뤄진다. 마지막으로 수채화 느낌, 목판화 느낌과 같이 특정 매체의 인상을 지칭하는 언어나 1980년대 포스터, 레트로 디자인, 모던 디자인과 같이 특정 시기 스타일 또한 시각 어휘의 한 축을 이룬다.

한편, 시각 문법은 이러한 어휘들을 엮어 하나로 읽히도록 만드는 규칙을 말한다. 게슈탈트 심리학(Gestalt psychology)에서는 인간이 대상을 "부분의 합이 아닌 의미 있는 전체로 지각한다"고 말한다(Wertheimer, 1938). 우리는 색, 형태, 질감을 따로 분리해서 보는 것이 아니라 그것들이 만들어 내는 패턴을 통합된 형상으로 인식한다. 예를 들어 사과를 볼 때 빨간색 색상, 둥근 모양, 매끈한 표면과 같이 각각의 요소들을 하나씩 확인하기보다 즉각적으로 '사과'라는 전체로 받아들이고 이해한다.

이같이 대상을 전체로 지각하는 것은 물체와 배경을 구분하고 서로 가까운 것과 비슷한 것들을 하나의 묶음으로 인식하며 화면의 위와 아래, 왼쪽과 오른쪽, 중심과 주변에 서로 다른 심리적 무게를 부여해 자연스럽게 구조화하는 방식으로 작동한다. 이처럼 이미지는 언어와 같이 경험을 부호화하고 사회적 상호작용을 수행하며,

화면 안에서 하나의 의미 있는 전체로 조직된 결과물이라고 할 수 있다(Arnheim, 1974; Kress & van Leeuwen, 2006).

이번에는 시각 문법을 균형, 비례, 리듬, 대비, 운동과 같은 개념으로 구분해 이해해 보자. 각각의 개념과 예시를 정확하게 파악하면 시각적 유창성을 효과적으로 보완할 수 있다.

'균형(balance)'이란 화면 안의 시각적 무게가 어떻게 분포되는지를 다룬다. 균형은 안정과 질서를, 불균형은 긴장과 그 안에서 생성되는 에너지를 형성한다. '비례(proportion)'는 시각 요소들의 상대적 크기와 길이, 면적의 관계를 가리키는데, 보통 일상에서 익숙한 대상을 기준으로 전체 규모를 파악하는 것을 말한다. '리듬(rhythm)'은 형태와 간격 혹은 색과 같은 요소가 반복과 변주를 통해 시선 흐름과 시간적 경험의 조절을 통해 만들어진다. 이때 규칙적인 반복 요소 안에서 특정한 어긋남이 때때로 생동감을 더하기도 한다. '대비(contrast)'는 크기와 명암, 색과 형태의 차이를 통해 어떤 요소가 앞으로 나오고 어떤 요소가 뒤로 빠지게 되는지 정하는 방식으로 구성하는 시각 요소들 사이에 존재하는 위계와 우선순위를 결정한다. '운동(movement)'은 정지된 화면에서도 시선이 특정 방향으로 이동하는 것처럼 느껴지게 만드는 구도와 배치를 말한다. 예를 들어 대각선으로 기울어진 배치나 흐린 배경과 선명한 전경 사이에 생겨나는 심도는 모두 운동감을 만든다.

지금 살펴본 이 다섯 가지 개념은 보통 한 번에 우리의 시점에 개입한다. 그래서 균형이 바뀌면 리듬이 달라지고 대비를 적용하면 운동감이 생길 수 있으며 비례를 조정하면 전체 구성이 달라진다. 시각 어휘가 무엇으로 화면을 만들 것인가에 대한 고려 사항이라면 시각 문법은 그것을 어떻게 하나의 형상으로 읽히게 만들지를 결정한다. 이와 같이 시각적 유창성을 갖춘다는 것은 시각 문법을 자유롭게 다룰 수 있다는 것을 의미한다.

시각 문법과 이미지 생성 방법론

이미지 생성을 위해 프롬프트를 쓸 때 가장 먼저 필요한 것은 “무엇을 그릴 것인가”와 “어떻게 구조화할 것인가”를 분리해서 생각하는 일이다. 무엇을 그릴지 결정하는 것은 시각 이미지와 개념 이미지의 비율, 프레임과 시점, 형태와 색과 재질, 빛과 스타일에 관한 선택을 포함한다. 예를 들어 생성형 AI에게 “해가 막 진 직후의 도시 야경을, 높은 건물 위에서 내려다본 장면으로, 실제 사진처럼 사실적으로 표현해 달라"고 요청한다면 이것은 시각 이미지만을 고려한 설정이다. 반대로 "도시의 자유와 고립감을 상징적으로 표현한 추상적인 이미지"라고 말하면, 개념 이미지에 가까운 요구가 된다. 이미지 생성의 요구사항이 여기에서 끝난다면 우리가 얻을 수 있는 결과는 매우 추상화된 이미지로 한정될 수밖에 없다. 머릿속에 떠올린 이미지를 더 구체적으로 묘사할 수 있어야 한다. 이때 어떠한 시각 어휘를 활용할 것인가. 예를 들어 '정면 클로즈업'인지 '조감도'인지, '기하학적 형태 중심의 구성' 혹은 '유기적 곡선을 활용'과 같은 이미지의 유형에 관한 세부 사항이 필요할 수 있다. 또는 '저채도 파스텔 톤으로 차분한 분위기를 연출', '강한 보색 대비의 긴장감', '맑은 수채화 느낌', '1970년대 포스터 그래픽'과 같은 인상 또는 스타일을 덧붙여 나가면, 하나의 프롬프트 안에서 시각 어휘가 점차 구체화 된다.

다음은 이미지를 어떻게 구조화할지 결정하는 시각 문법의 적용 단계다. 이 단계에서는 시각 요소들이 어떤 관계와 위계 속에 배치할지 설명할 수 있어야 한다. 예를 들어 "인물은 화면 중앙에 크게 두고, 배경 건물은 흐릿하게 처리해 인물을 강조해 달라"고 작성한다면, 우리는 이미 균형과 위계, 대비를 동시에 설계하고 있는 셈이다.

"여러 개의 카드형 정보가 일정한 간격으로 반복되지만, 가운데 카드 하나만 다른 색과 크기로 강조되게 해 달라"고 작성하면 어떨까. 이것은 리듬과 반복, 대비의 문법을 프롬프트에 직접 옮긴 효과적인 방법이 될 수 있다. "시선이 왼쪽 상단의 로고에서 중앙의 주요 숫자, 그리고 오른쪽 하단의 버튼으로 자연스럽게 이동하도록 구성해 달라"고 작성했다면 운동감과 시선 경로를 적절히 설계한 예가 된다.

실제 작업에서 이런 방식의 문법 적용은 결과물의 질을 눈에 띄게 바꾼다. 조금 더 구체적인 예를 들어보자. "멋진 헤드폰 이미지를 하나 만들어 줘"라고 생성형 AI에게 요구하면 어떤 결과물을 보여줄까. 막연한 요구사항은 AI가 무제한의 해석을 시도하도록 만들기 때문에 어떠한 경우라도 피하는 것이 좋다. 그렇다면, 지금까지 살펴본 시각 어휘와 문법을 충분히 활용해 다시 이미지 생성을 시도해 보면 어떻게 될까.

"극도로 사실적인 제품 사진 형식의 헤드폰 이미지로, 정면 클로즈업 구도를 사용해야 함. 헤드폰의 형태는 기하학적으로 단순화된 구조를 갖고, 표면은 매끈한 메탈릭 질감을 강조하시오. 배경은 저채도의 어두운 톤으로 설정하고, 헤드폰에는 강한 보색 대비를 적용해 가장 눈에 띄도록 연출해야 함. 화면 중앙에 헤드폰을 두되, 약간 아래쪽으로 무게 중심을 내려 안정적인 대칭 구도를 유지해야 한다."

여기에는 이미지 유형과 시점, 형태와 재질, 색과 분위기, 균형과 대비와 위계가 모두 명시되어 있어, AI가 사용자가 지시한 좌표를 따라가며 다양한 변주를 제안하는 것이 가능해진다.

한 단계 더 나아가 프롬프트에 정확한 시각 언어(visual language)를 사용하면 이미지의 적합성을 극대화할 수 있다. 예를 들어 어떠한 오브젝트가 평면의 스크린 위에 보이는 상황에서 구도의 형식을 결정하는 프롬프트를 작성한다고 가정해 보자. 사선에서 보는 입체 느낌 구도를 표현하려면 아이소메트릭(isometric)이라는 용어를 활용할 수 있다. 바로 위에서 내려다보는 평면 구도를 표현하려면 톱다운(top down)이라고 쓰면 된다. 이같이 구도, 조명, 질감 등과 관련된 여러 용어는 카메라 촬영, 디자인 설계, 3D 모델링 등에서 통용되는 전문 용어와 공유되기 때문에 생성형 AI와의 협업에서도 결과를 사전에 예측하고 정확한 판단 과정을 수행하는 데 핵심이 된다.

이미지 생성의 첫 번째 단계로 프롬프트가 "무엇을,

어떻게"를 지시하는 것이라면 두 번째 프롬프트부터는 "어디가 과도한지, 무엇이 누락되었는지, 어떤 편견과 클리셰가 과장되고 있는지"를 읽어 내는 시각 문해력의 활용 단계다. 예를 들어 결과물이 지나치게 상업적 스톡 이미지(stock image)처럼 보인다면, 우리는 "과도하게 정리된 인위적 조명을 줄이고, 실제 생활공간의 자연스러운 질감을 더 살려야 함"과 같은 요구사항을 통해 다시 한번 동질화된 시각 문법을 조정할 수 있다. 혹은 이미지가 특정 인종 · 성별 · 연령만을 반복적으로 재현한다면, "다양한 나이와 체형, 서로 다른 문화적 배경을 가진 사람들을 함께 등장시키고, 시선과 위치의 위계를 완화해야 함"이라고 지시해 AI가 학습한 통계적 편향성을 교정할 수 있다(Feuerriegel et al., 2023).

시각 어휘와 문법을 기반으로 하는 프롬프트 작성은 키워드를 나열하는 것이 아니라 이미지 생성 방법을 '시각적 설계도'의 관점으로 바꾸는 과정을 말한다. 이 장에서 다루었던 여러 요소는 바로 그 과정에서 사용할 수 있는 최소한의 실용 문법이다. 이를 바탕으로 우리는 각자의 작업 맥락에 맞는 시각 언어를 계속해서 확장할 수 있을 것이다.

참고문헌

Arnheim, R.(1974). *Art and visual perception: A psychology of the creative eye (New version)*. University of California Press.

Debes, J. L.(1969). The loom of visual literacy. *Audiovisual Instruction, 14*(8), pp.25~27.

Feuerriegel, S. et al.(2023). Generative AI. *Business & Information Systems Engineering, 66*(1), pp.3~15.

Kress, G. & van Leeuwen, T.(2006). *Reading images: The grammar of visual design (2nd ed.)*. Routledge.

Wertheimer, M.(1938). Laws of organization in perceptual forms. In Ellis, W. D.(ed.). *A source book of Gestalt psychology*, pp.71~88. Kegan Paul, Trench, Trubner. (Original work published 1923)

09
이미지 생산자의 윤리와 책임

이 장은 생성형 AI 시대에 이미지 생산자에게 요구되는 윤리와 책임을 다룬다. 진짜와 가짜의 기준을 이미지가 '실제처럼 보이는가'로 판단할 수 있을까? 이미지의 생성 과정, 출처, 메타데이터의 투명성 확보 그리고 프롬프트 언어 선택은 이미지의 저작권이나 편향에 대응하기 위한 핵심 과제가 될 것이다. 이미지의 생산에서부터 유통과 확산의 단계까지 우리가 해야 할 실천 과제를 살펴보자.

AI와 기자?

진짜 이미지와 가짜 이미지

2010년대 중반 이후 등장한 GAN(Generative Adversarial Network)과 스테이블 디퓨전(Stable Diffusion)으로 대표되는 확산 모델은 사진과 거의 구분되지 않는 고해상도 이미지를 만들어 내며 이미지 생성의 질적 도약을 이끌었다. 이 모델들은 무(無)의 상태에서 상상하는 것이 아니라, 방대한 훈련 데이터에서 통계적 패턴을 학습한 뒤 그 패턴을 바탕으로 새로운 이미지를 예측하는 방식으로 작동한다. 문제는 이 출발점, 즉 훈련 데이터의 세계 자체가 이미 편향된 사회 현실을 반영하고 있다는 점이다. 예를 들어 '가난한 사람(poor people)', '문맹자(illiterate person)'와 같은 프롬프트를 입력했을 때 특정 인종, 지역, 계층을 반복적으로 재현하는 사례를 쉽게 발견할 수 있는데 이러한 데이터 편향이 시각적 고정관념을 가진 이미지 생성의 확률을 높인다. 다시 말해 프롬프트가 사회적 가치 판단을 품고 있는 것이다. 따라서 이와 같은 조건에서는 사실감이 높은 이미지가 오히려 위험 요인으로 작용한다.

확산 모델이 만들어 내는 초고해상도, 초현실적 이미지는 진짜와 가짜를 구분하는 기존의 감각을 무력화시키고 결과적으로 편의성, 속도, 규모로 강화된 '생성의 확장성'과 진위성, 출처와 책임의 부재로 생겨난 '신뢰의 붕괴' 사이에서 균형을 잃어가고 있다(Raza et al., 2025). 이제 인간의 눈만으로는 사진처럼 보이는 이미지가 실제라고 판단하기 어렵게 되었다. 따라서 진짜와 가짜를 판단하는 첫 번째 기준은 이미지가 무엇을 닮았는가를 볼 것이 아니라, 생성 과정과 출처를 투명하게 드러내고 있는지에 놓여 있다.

우리가 보는 이미지가 실제 현장을 촬영한 것인지, 합성된 것인지, AI로 생성된 결과인지를 설명하는 라벨링과 메타 데이터가 필수 정보로 제공되어야 하며, 여기에는 어느 정도의 보정 혹은 편집이 이루어졌는지까지 기록하는 것 또한 중요하다(방송통신위원회 · 한국지능정보사회진흥원, 2023). 생성형 AI 서비스가 프롬프트 입력 내용을 학습에 재사용할 수 있다는 점을 고려한다면 이미지 결과물이 "무엇을 보여 주느냐"만큼 "무엇이 입력되었는가"에 대한 진위 여부 또한 AI 생성 이미지의 윤리 기준이 되는 것이다.

저작권, 데이터 편향 그리고 AI 윤리

생성형 AI의 활용 윤리에서 가장 중요한 것은 입력하는 내용에 대한 책임이다. 프롬프트를 작성할 때 어떤 용어를 사용하고 어떠한 맥락을 설정하는지에 따라 호출되는 시각 이미지의 패턴이 달라질 수 있다. 이미지가 어떻게 보이게 만들지를 결정한다는 점에서 프롬프트는 단순한 명령어를 입력하는 행위에서 끝나는 것이 아니라 생성 결과에 대한 책임을 담고 있어야 한다. 그렇다면 프롬프트의 설계 단계에서 우리는 무엇을 고려해야 할까.

첫째 고려 사항은 특정 집단을 비하하거나 낙인찍는 표현을 배제하는 것이다. 성별, 인종, 국적, 계급이나 장애 등과 연결되는 고정 관념적 표현은 편향된 이미지를 심화할 가능성이 높다. 둘째는 맥락 없이 모호한 표현을 입력하지 않는 것이다. 그렇지 않을 경우 대규모 데이터베이스에서 생겨나는 또 다른 방식의 편향된 전형이 나타날 수 있기 때문이다. 예를 들어 "가난한 사람의 이미지"라고 작성한다면 어떤 이미지를 기대할 수 있을까. 이와 반대로 "도시 빈곤 문제를 설명하기 위해, 다양한 나이와 인종의 시민이 공공 지원 창구를 이용하는 장면"이라고 표현한다면 어떨까. 이같이 서술형으로 구체화할수록 복합적인 상황을 자세하게 생성할 여지가 높아진다. 셋째는 생성 플랫폼의 시스템 차원에서 인간 중심 설계(human-centered design)라는 사용자 인터페이스 디자인의 핵심 원칙을 지키는 것이다. 생성형 AI 도구는 대화형 인터페이스를 기반으로 하는 경우가 많다. 따라서 민감한 주제와 관련된 프롬프트의 입력을 인지했을 때 사용자가 다시 생각해 볼 수 있도록 안내하는 경고 메시지나 피드백 장치가 적용되어야 한다.

한편 인격권 문제나 저작권의 문제 또한 실제로 프롬프트 단계에서부터 시작된다. 예컨대 "특정 작가의 스타일로 그려 줘", "유명 연예인의 얼굴을 써서 포스터를 만들어 줘"와 같이 작성된 프롬프트는 훈련된 데이터 속 작품이나 얼굴을 그대로 호출해 스타일의 도용이나 초상권 침해를 동시에 유발할 수 있다. 이는 기존 저작물을 학습한 모델이 누구의 동의로 어떤 범위까지 모사할지 스스로 판단하는 데 한계가 있기 때문이다. 여기에 더해 사생활 보호의 문제도 부각될 수 있다. 얼굴 사진, 생활 공간의 사진과 같은 시각 데이터는 그 자체로 고유한 개인정보와 맥락을 포함하고 있다. AI가 편향을 줄이기 위한 목적으로 다양한 집단의 이미지를 더 많이 모을수록, 개개인의 얼굴과 생활이 데이터베이스에 깊이 저장되어 공유해도 문제가 없는 이미지와 개인의 프라이버시를 담은 이미지 사이에서 판단이 유보된다. 이를 완화하기 위한 장치로 '차등 프라이버시(Differential Privacy)'나 '연합 학습(Federated Learning)'과 같은 기술적 수단이 활용되고는 있지만 AI가 생성하는 이미지는 결국 편향성과 프라이버시 침해의 문제에서 자유롭기 어렵다. 예컨대 실제 존재하지 않는 장면이나 인물의 실제와 같은 합성이 설득력을 얻을 수 있다. 또한 얼굴 바꾸기, 신분증 위조, 가짜 인물 프로필 생성 등이 조작이나 합성 과정에서 나타나는 기만적 생성 문제, 즉 할루시네이션(hallucination)을 일으키기도 한다. 특히 확산 모델이 만들어 내는 초고해상도 이미지는 현실의 한순간을 기록한다는 것으로 통용되던 기존의 '사진 감각'을 무력화시킨다. 이처럼 시각적 신뢰 기반이 흔들리면 이미 만들어진 이미지를 놓고 검수하는 것은 한계가 있다. 생성 단계에서 즉각적인 안전장치가 필요한 것이다. 먼저 민감한 주제에 대한 필터링 혹은 확인 절차가 필요하다. 또한 생성된 이미지에 워터마크나 메타 데이터를 자동 부착하도록 강제화해서 합성 여부의 검증을 위한 정보를 정확히 제공해야 한다.

이미지에 대한 책임과 규제

AI 이미지 생성 윤리를 위해 최종적으로 필요한 것은 바로 평가 및 후처리 단계다. 연구와 교육에서 생성형 AI를 사용할 때 이미지 후처리는 품질 관리, 독창성, 편향 완화 세 가지 항목으로 정리할 수 있다(Knöchel et al., 2025).

먼저 품질 관리(quality control)의 관점에서 보면, 생성형 AI가 출력하는 이미지는 그 자체로 온전히 신뢰하기는 어렵다. 적어도 한 명 이상의 인간이 결과를 검토하고 논리적 일관성과 맥락 적합성을 평가해야 하며 다음과 같은 평가 기준 설정이 가능하다. "보는 사람이 이 이미지를 실제 사진이나 증거로 오인할 위험은 없는가?", "특정 집단이나 인물을 왜곡되게, 혹은 지나치게 전형화해서 표현하고 있지 않은가?" 만약 이 기준에 긍정적으로 답한다면 이미지에는 워터마크나 메타 데이터가 표기되어야 한다.

두 번째로 이미지의 독창성(originality)은 생성된 이미지가 가지는 진위성에 대한 정교한 판단 기준을 필요로 한다. 생성형 AI는 기존의 그림이나 사진이 가진 스타일, 구도, 조명 방식 등 시각 요소를 그대로 모방해 낼 수 있다. 더 큰 문제는 출처를 표기할 때 실제 존재하지 않는 요소를 가져와 붙일 수도 있다는 점이다. 따라서 AI 생성 이미지를 그대로 사용하는 것은 매우 위험하다. 이미지 생산자는 AI가 만든 이미지를 매체에 적용해 사용할 때 원본의 어떠한 맥락과 연결고리가 닿아있는지 확인해야 하고 다시 편집하거나 재조합해 의도에 맞는 형식을 부여하는 2차 가공을 항상 염두에 두어야 한다.

마지막으로 편향 완화(bias mitigation)는 이미지가 사용되기 직전에 다시 확인해야 하는 검토 사항이다. 예컨대 젠더, 인종, 장애 등과 같이 사회 문화적 공감대를 요구하는 내용을 담을 경우 편견이 재생산되거나 확산되지 않도록 도메인 전문가의 연구를 바탕으로 하는 검증 방식을 고려해야 한다.

이미지에 대한 책임을 강화하기 위한 규제 방법으로 유통 단계에서 거버넌스의 체계화가 필요하다. 첫 번째로 문제가 발생했을 때 책임 소재의 판단, 즉 책임 주체 문제의 해결이다. 창작 결과의 책임은 언제나 창작자에게 있으며 AI가 어떠한 결과물을 도출한다고 하더라도 문제의 책임을 전가할 수 없다. AI 시스템은 책임 주체가 될 수 없기 때문이다. 예를 들어 기후 데이터를 시각화하거나 사회 통계 그래프를 AI 생성 이미지로 대체했다고 가정해 보자. 검증 없이 사용되는 이미지는 오류에 대한 문제뿐만 아니라 그것을 바로 잡기 위한 검토 자체가 불가능하게 만들 수 있다. 우리가 반드시 기억해야 하는 것은 생성형 AI가 만든 결과물은 인간의 판단을 대신한 것이라고 볼 수 없으며 이 때문에 권위를 가질 수도 없다는 것이다. 따라서 책임감과 전문성을 가진 사람이 비판적으로 생성에 참여했을 때 우리가 만들어 낸 이미지는 온전하게 제 기능을 할 수 있다.

두 번째는 정보 투명성과 공개의 문제를 확인하는 것이다. 생성형 AI는 버전이 바뀌거나 프롬프트가 조금만 달라져도 출력된 결과 값이 크게 달라진다. 따라서 언제나 재현 가능성에 대한 신뢰를 확보하기 위한 노력이 필요하다(Knöchel et al., 2025). 예를 들어 "이 이미지는 ○○(모델 이름, 버전)을 사용해 YYYY-MM-DD에 생성한 뒤, 색 보정과 자막 삽입 및 편집 과정을 거쳤다"와 같이 최소한의 정보를 밝혀 두는 것만으로도 기능할 수 있고 더 나아가 핵심 프롬프트나 후처리 과정을 간략히 설명하는 것도 도움이 된다. 이는 출처를 표기하고 재현 방법의 연속성 확보를 위한 조치일 뿐만 아니라, 이미지 수용자가 결과물의 한계를 이해하도록 돕는 윤리적 장치이기도 하다.

이미지의 유통 거버넌스는 넓은 영향력을 고려해야 한다. 생성형 AI는 잘못된 정보와 미디어 조작 방식을 대량으로 확산시킬 수 있기 때문에 개인의 정보와 사회적 신뢰를 악화시킬 위험이 있다. 따라서 신뢰 가능한 검증 시스템, 플랫폼 차원에서의 라벨링 의무 그리고 미디어

문해력 교육이 적극적으로 수행되어야 한다. 이미지를 생산하고 소비하는 양은 더욱 늘어나고 확산 속도는 점차 더 빨라지고 쉬워질 것이다. 하지만 이를 책임 있게 다루는 태도와 공감대는 우리 모두의 시각 문해력에 대한 이해를 바탕으로 한다.

참고문헌

방송통신위원회·한국지능정보사회진흥원(2023.12). "생성형 AI 윤리 가이드북".

Knöchel, T.-D. et al.(2025). Core principles of responsible generative AI usage in research. *AI and Ethics, 5*, pp.6371~6377.

Raza, S. et al.(2025). Who is responsible? The data, models, users or regulations? Responsible generative AI for a sustainable future. (TechRxiv preprint) https://doi.org/10.36227/techrxiv.173834932.29831105/v1

10
이미지를 읽고 쓰는 태도

이 장에서는 반복되는 이미지의 생산과 소비의 과정에서 어떠한 태도를 가져야 할지 메타 인지적 관점에서 이야기한다. 우리는 매일 같이 이미지를 소비하고 동시에 생산하는 일에 동참하고 있다. 일상의 이미지를 비판적으로 해석하고 책임 있는 태도를 가질 때 비로소 우리는 더 나은 시각 독자로 성장할 수 있다. 시각 문화 교육을 바탕으로 더 많이 보는 시대에서 더 잘 읽고 쓰는 이미지 시대로의 전환을 어떻게 준비해야 할지 함께 고민해 보자.

AI와 미래 의사?

이미지를 대하는 우리의 태도

책을 많이 읽으면 독해력이 좋아진다. 그리고 많은 글을 접하면 문해력 향상에 긍정적인 영향을 줄 수 있다. 그렇다면 많은 이미지를 경험했을 때 이미지에 대한 우리의 해독 능력은 좋아질까? 하루 중 많은 시간을 모니터 화면 앞에서 보내고 이미지로 소통하는 우리의 시각 문해력은 얼마나 좋아졌을까? 오늘날 시각 환경은 즉각적이고 가변적이며 상호작용을 전제로 한다. 알림은 실시간으로 뜨고, 피드는 끊임없이 갱신되며, 이미지는 필터와 편집을 통해 언제든 다른 모습으로 변한다. 이런 조건 속에서 시각 문해력은 단순한 미학적 감상이나 그림 실력 또는 이미지 제작 도구 사용법의 담론에서 끝나서는 안 된다. 만들어 낸 이미지 결과물에 책임을 지는 태도가 전제되어야 한다. 우리는 마주하는 이미지를 어떤 태도로 바라보고, 그 이미지들이 엮어 내는 시각 문화에 어떻게 참여하고 있을까. "오늘 무엇을 보았는가"에서 "이미지를 볼 때 무엇을 하고 있었는가"로 생각의 관점을 옮겨 보자. 우리가 무심코 스크롤을 내릴 때 각각의 이미지에 대해 메타 인지적 질문을 던질 수 있다면 우리는 단순한 '구경꾼'에서, 이미지 소비와 생산을 책임지는 온전한 주체가 될 수 있다.

시각 언어는 보통 텍스트와 이미지가 하나의 화면에서 서로 보완하는 형태로 나타난다. 특히 브라우저의 섬네일 이미지, 카드 뉴스는 텍스트와 이미지가 결합된 하나의 또 다른 이미지로 제시된다. 언어적 텍스트가 이미지를 설명하거나 지시하는 동시에 이미지는 텍스트가 말하지 않는 정서와 맥락을 시각적으로 채워 넣는 것이다(Mitchell, 1994). 따라서 이미지가 가지는 다의적 구조 속에서 우리는 성급하게 직관에 의존하기보다 여러 해석의 가능성과 시각 구조적 편향성을 판단하는 '느린 해석의 습관'을 가져야 한다. 예컨대 하나의 이미지를 보면서 "이것이 무엇을 말하는가?"라는 질문에 더해, "이 텍스트와 이 이미지는 서로를 어떻게 전제하고 있는가?", "다른 문장이나 이미지를 붙이면 어떤 의미로 변할 수 있는가?"를 함께 검토하는 연습이 필요하다. 이러한 연습을 반복할수록 이미지를 둘러싼 구성 요소 전체를 하나의 텍스트로 읽어 내는 능력을 키울 수 있다. 동시에 내가 가진 해석과 관점이 수많은 가능성 중 하나일 수 있다는 사실을 인지할 수도 있다. 시각 문해력은 이처럼 텍스트와 이미지의 관계망 사이를 판단하려는 태도를 포함한다.

시각 문화 교육을 통한 태도 함양

태도는 의지만으로 형성하기 어렵다. 인간의 행동양식과 사고방식은 개인의 뜻대로 반응하기 어렵기 때문에 특정 대상이나 상황에 대한 개인의 마음가짐을 태도라는 잣대로 정의하기에는 한계가 있다. 따라서 우리의 인지적 반응이 행동 의도로 표현되려면 학습의 과정이 필요하다. 시각 문해력의 배경이 되는 시각 문화 교육도 마찬가지다. 해석과 비판의 경험이 어떻게 학습되느냐에 따라 개인은 창작에 대한 구체적인 실천 목표를 결정할 수 있다. 예컨대 학습자는 자신의 감상이나 감정을 말로 꺼내 보이고 상호 비교하는 자리에서 자신의 관점에 대한 객관화를 확인하게 된다. 누군가에게 아름답게 보이는 이미지가 다른 누군가에게는 불편하게 느껴질 수 있는 것을 인지하는 것, 그리고 그 차이를 표현할 수 있을 때 사람들은 각자가 가진 욕망의 위치를 확인하게 된다. 시각 문해력은 이처럼 의미 분석을 넘어 정서적 반응과 몸의 감각까지 포함하는 민감성을 훈련하는 과정으로 확장된다(안인기, 2014).

방대한 데이터세트를 활용해 이미지를 빠르게 예측 · 생성하는 도구 활용의 편리함은 학습자에게 더 적극적인 태도로 이미지에 관여하도록 요구한다. AI 시대의 시각 문해력은 시각적 인지, 상상력, 비판적 사고, 윤리적 판단이 결합된 통합 역량으로 재정의된다. 이 논의는 AI가 만든 이미지를 새로운 권위로 받아들이지 않고 질문을 던지는 출발점으로 삼아야 한다(Kellner & Share, 2019/2022). 이때 "어떤 데이터와 전제가 이 결과를 가져왔는가?", "어떤 요소들이 숨겨지거나 일반화되었는가?", "이 이미지는 누구의 시선과 이해관계를 반영했는가?"와 같은 질문에서 이미지는 완료된 결과물로 볼 것이 아니라, 생성 또는 제작 과정을 확인할 수 있는 단서로 보게 된다. 예컨대 기후 위기, 사회적 불평등, 디지털 감시 같은 주제를 직접 시각화한다고 가정해 보자. 어떤 사람은 유토피아적 이미지를 떠올리며 생성할 것이고 반대로 디스토피아적 미래를 상상하며 이미지를 생성하는 사람도 있을 것이다. 이때 자신이 어떤 세계를 지지하거나 경계하는지 스스로 확인하게 되는데 이러한 활동은 우리가 막연하게 떠올리는 이미지에 대한 구체적인 상(象)을 스스로 발견하는 과정이 된다. 또한 AI 시대의 시각 문해력은 해석과 비판을 바탕으로 생성이라는 창작의 단계를 포괄한다. 학습자의 관점에서도 주어진 이미지를 읽고 평가하는 것에 그치지 않고 텍스트의 의미를 재배열하는 경험을 통해 직접 이미지를 만들어 내는 역량을 향상시킬 수 있다. 학습자가 '비판적 소비자'에서 더 나아가 새로운 시각 문화를 제안하는 생산자로 완성될 수 있는 것이다.

시각 문화 교육은 예술과 디자인뿐만 아니라 다양한 학문 영역과 전문 분야로 확장되어 있다. 이미지는 단순히 재현된 요소 혹은 장식적 요소로 규정하기 어려운 배경을 가지고 있기 때문에 정보를 생성하고 유통하는 논쟁의 주요한 형식을 모두 포괄한다. 이 논쟁은 다음의 세 가지 축으로 설명이 가능하다.

첫 번째 축은 이미지가 변화하는 시각 정보 환경에 놓여있다는 점이다. 이미지는 플랫폼, 알고리즘, 파일 형식, 메타 데이터, 검색 시스템 등 복잡한 디지털 인프라를 통해서 이동한다. 사람들은 서로 다른 플랫폼으로부터 검색 결과를 비교하고, 반복적으로 상단에 노출된 이미지와 스킵(skip)되어 묻히거나 뒤로 밀려나게 되는 이미지가 어떤 것인지를 관찰해 이미지의 앞과 뒤에 존재하는 이해관계와 기술적 조작을 읽어 낼 수 있다. 예컨대 딥페이크와 같은 얼굴 인식 AI 생성 이미지를 접하는 경험은 신뢰성에 대한 의심을 바탕으로 시각적 '증거'의 의미를 검증하는 계기가 된다. 시각 문해력이 이미지 자체에 대한 이해만큼 이미지를 둘러싼 배경과 맥락을 해석하는 능력을 함께 키운다는 의미를 포괄한다고 볼 수 있다(정옥희, 2023).

두 번째 축은 모든 시각 이미지가 의도된 의사소통 행위라고 보는 태도다. 인스타그램의 사진이나 갤러리에 걸린 사진 작품은 모두 누군가가 특정 목적과 대상을 상정하고 만든 메시지다. 이때 관람자는 "누가 만들었는가?", "누구를 위해 만들었는가?", "어떤 시각 언어와 스타일이 사용되었는가?", "어떤 효과를 의도했는가?"와 같은 질문을 반복해서 던질 수 있다. 관람자가 생산자로 역할 변경을 하게 되면 어떨까? 갤러리의 사진 작품은 다시 개인의 인스타그램을 타고 확산되고 이 과정에서 수정, 편집 그리고 해시태그와 같은 키워드 캡션 장치를 통해 메시지 선택의 변형에 참여하게 된다. 따라서 이러한 선택의 과정에서 특히 책임 있는 시각 커뮤니케이션의 태도가 요구된다.

세 번째 축은 분별력과 비판적 시선을 사회 정의의 관점과 연결하는 것이다. 시각 이미지와 플랫폼은 결코 중립적이지 않으며, 특정 가치와 권력 관계를 내포한다. 우리는 같은 장면의 서로 다른 버전을 비교하며, 크로핑(cropping), 필터링(filtering), 프레이밍(framing)이 강조하고 숨기는 것이 무엇인지 확인할 수 있다. 다만 캡션과 크레디트, 메타 데이터를 추적하기 위해 이미지가 어떤 맥락에서 유통되었는지 탐색하는 것은 비판적이고 합리적인 의심을 통해 검증하려는 '건강한 회의주의'적 태도를 필요로 한다. 동시에 개인의 사회적 경험과 문화적 배경을 바탕으로 우리가 신뢰하거나 아름답다고 느끼는 대상이 무엇인지 살피는 일은 시각 문해력이 사회적 감수성과 연결되는 지점이기도 하다.

더 많이 소비하는 시대에서 더 잘 읽고 쓰는 시대로

시각 문해력은 이미지로 포화된 세상을 살아가는 동안 계속해서 갱신해야 하는 태도와 습관의 집합이다. 사람들은 시간을 들여 이미지를 찾아내 해석하고, 의문을 제기하고, 새로운 이미지로 응답하는 과정을 반복하면서 자신만의 시각 언어를 발달시킨다. 이때 우리가 취해야 하는 목표는 사용자와 생산자 사이를 오가며 학습한 시각 문화 안에서 이전보다 의식적이고 책임 있는 위치를 스스로 찾아가는 데 있다.

우리는 화면에 노출된 이미지가 개인의 취향만이 아니라 플랫폼과 알고리즘, 검색 시스템과 정책에 의해 조정된 결과임을 인식해야 한다. 같은 맥락에서 시각 문해력을 기르기 위해서 우리를 둘러싼 이미지를 세심하게 들여다보는 자세가 필요하다. 모든 종류의 이미지, 예컨대 작은 아이콘에서부터 짧은 숏츠, 밈, 광고, 그리고 더 나아가 사진, 그림 등 예술 작품의 이미지는 모두 특정한 선택의 결과물이다. 그리고 혹여 어떠한 이미지가 중립적 메시지를 담고 있다 하더라도 누군가의 시선과 이해관계를 거쳐 플랫폼과 같은 미디어에 담기게 되면 또 다른 응축된 메시지를 생성하게 된다는 점을 기억해 두자.

다시 한번 강조하지만, 우리는 시각 정보의 소비자이자 창작자라는 점을 잊지 않아야 한다. 우리가 생산하고 유포하는 이미지 소비의 선택이 어떤 메시지를 낳았는지 반드시 확인하도록 하자. 그 이미지 속에 무엇이 포함되었는지 혹은 배제되고 숨겨졌는지, 더 나아가 다음에는 어떻게 바꿀 수 있을지 반성할 수 있을 때 이미지를 통해 생각하고 말하고 함께 살아가는 방식으로서 시각 문해력을 내재화할 수 있게 된다. 생성형 AI 시대, 넘쳐나는 이미지의 양에 압도되지 않는 힘이 필요하다. 눈앞의 장면과 그 뒤에 놓인 시스템, 그리고 그 이미지가 우리에게서 끌어내는 감정과 행동까지 함께 읽어 내려는 노력 속에서 시각 문해력이 자라날 수 있다. 이러한 태도를 끊임없이 연습하고 타인과 나누는 일, 바로 그 지점에서 오늘날 이미지를 읽고 쓰는 새로운 교양이 시작된다.

참고문헌

안인기(2014). “시각적 문해력 이후의 시각 문화교육”. 《미술과 교육》, 15(1), 55~74쪽.

정옥희(2023). “인공지능 시대 ‘비주얼 리터러시’의 의미 재고: 교양교육에의 적용과 확장 가능성을 중심으로”. 《교양교육연구》, 17(6), 235~251쪽.

Kellner, D. & Share, J.(2019). *The critical media literacy guide: Engaging media and transforming education*. Brill/Sense. 여은호·원숙경 옮김(2022). 《비판적 미디어 리터러시 가이드: 참여, 소통, 그리고 미디어 교육》. 살림터.

Mitchell, W. J. T.(1994). *Picture theory: Essays on verbal and visual representation*. University of Chicago Press.

김경원

동서대학교 디자인대학 교수다. 영국 Kingston University에서 Creative Economy in Communication Design 전공으로 석사학위를, 홍익대학교에서 커뮤니케이션디자인 전공으로 박사학위를 받았다. 타이포그래피, 인포메이션디자인, 데이터 시각화 등 '데이터-정보-지식'을 시각 언어로 전달하는 방법을 가르치고 있으며 2021년부터 2025년까지 총 3개의 '한국형 온라인 공개강좌(K-MOOC)'를 개설했다. 창의성 교육 방법, 새로운 미디어에서의 시각 커뮤니케이션 방법 등을 연구하고 있으며, 국내·외 학술대회와 저널에 다수의 논문을 발표했다. 역서로 《디자이너 주인이 되어라》(2014), 《비주얼 그래머》(2015) 등이 있고, 공저로 《민주주의 씨앗뭉치, Seed Pods of Democracy》(2024), 《문화로 다시 쓰는 디자인 교육》(2025)이 있다.